U0592376

美国
孩子最喜欢问的
为什么

关于动物的有趣问题

QUESTIONS ASKED
BY AMERICAN
CHILDREN THEMSELVES

主编：田战省

北方妇女儿童出版社

Table of contents

看过《十万个为什么》《告诉你为什么》以及各种知识问答式的科普读物的人，大概不会为《美国孩子最喜欢问的为什么》这个书名感到新奇。但是如果仔细看一看书中的目录和内容，就会感到这些问题更带有儿童的思维特点，具有更强的观察感和浓厚的情趣性。孩子们问的与大人们设计的确实有很大不同。这种观察感和情趣性，不仅体现了孩子们的好奇心和刨根问底的特点，而且对于探索科学和技术来说也是一种十分宝贵的心理素质。

我们的科普读物要给读者更多的观察事物的方法，更多的轻松感，引导读者在奇特与多变的客观现象中感受快乐，激发兴趣，发现疑问，进行比较，继而进入思考，寻找答案。许多有成就的科学家，最初都是从好奇和情趣中涉入这一领域，并以这种心态从事科学技术研究的。牛顿把自己比作在海边玩耍的孩子，时而拾到几粒莹洁的石子，时而拾到几片美丽的贝壳，并为之欢欣喜悦。爱因斯坦认为，观察和理解的乐趣，是大自然最优美的礼物。他说过，在科学的广阔原野上，想象力比知识更重要，因为它概括着世界上的一切，是科学研究中的实在因素。陈省身在谈到自己为什么喜欢研究数学时，说是因为数学"好玩"。发明家爱迪生爱提各种问题，并亲自感受，有一次竟然学着母鸡的样子，蹲在鸡蛋上面孵起小鸡来，引得大人们哭笑不得。

不要小瞧了这种儿童式的欢欣、乐趣、好玩，甚至荒诞的举动，科学的研究，科学的事业，技术的创新，就是从这里开始的。伟大的发现发明也是从这里开始孕育的。令人高兴的是，《美国孩子最喜欢问的为什么》这套书，就是以这样的心态编写而成。书中的几百个稀奇古怪的问题，无论是动物的、植物的、天文的、地理的、科技的，还是人体的，都是从细微的地方着眼，以孩子的视角入题，体现着执著的观察力，洋溢着无尽的乐趣。文中的讲解，不但通俗易懂，而且妙趣横生，让人易读，爱读，读得懂，不但孩子可读，成人也可读。我们要感谢这套书的编译者们，他们为此付出了智慧、心血和辛勤的劳动。

大自然是无国界的，知识也同样无国界。远在太平洋彼岸的美国孩子喜欢问的问题，也是此岸中国孩子感兴趣的。希望这套书的出版，能为孩子们，也为所有的读者们提供有益的帮助：不但增长许多具体知识，更能学会用正确心态和方法观察自然，观察客观事物，掌握科学思维，在乐趣好奇与严肃的科学研究、技术创新之间，搭起一座心灵之桥。

目录

Table of contents

乌龟的寿命为什么那么长？ ……………………… 12

哪种动物最长寿？ ……………………………… 13

蜘蛛怎样发现猎物？ …………………………… 14

蜘蛛怎样捕捉猎物？ …………………………… 15

什么动物的眼睛最大？ ………………………… 16

冷血动物也会发烧吗？ ………………………… 17

哪种动物的皮最厚？ …………………………… 18

雁群为什么排成"一"字或"人"字形队伍飞行呢？ 19

什么动物个子最高？ …………………………… 20

长颈鹿是怎样睡觉的？ ………………………… 21

蚂蚁有几只眼睛？ ……………………………… 22

小鸡在蛋壳里会呼吸吗？ ……………………… 23

谁是动物跳远和短跑冠军？ …………………… 24

北极熊为什么不怕冷？ ………………………… 25

蝴蝶擅长做什么？ ……………………………… 26

狗鼻子为什么是冰凉的？ ……………………… 27

鱼什么时间睡觉？ ……………………………… 28

没有光的深水里，鱼是怎样找到食物的呢？ …… 29

动物如何进行自卫？ …………………………… 30

有没有哪种海洋哺乳动物是植食动物？ ………… 31

为什么有时候狗会吃草？ ……………………… 32

兔子的寿命有多长，它老了后牙齿也会掉吗？ … 33

为什么斑马身上会长斑纹？ …………………… 34

斑马到底是白色还是黑色？ …………………… 35

为什么大象能用鼻子吸水？它不怕被呛到吗？ … 36

最重的大象有多重？ …………………………… 37

目
录

海洋哺乳动物喝什么？ ……………………… 38

蝙蝠为什么要在夜里飞行？ ………………… 39

恐龙是怎么灭绝的？ ………………………… 40

蝎子的血为什么是青色的？ ………………… 41

除人以外哪种动物最聪明？ ………………… 42

浣熊喜欢水吗？它们喜欢攻击人或别的动物吗？ …… 43

闪电击中海面，会让海洋动物受伤或死掉吗？ …… 44

地球上最大的动物是什么？ ………………… 45

蚊子会做好事吗？ …………………………… 46

鲸最后都是溺死的吗？ ……………………… 47

甲虫能咬掉人的手指头吗？ ………………… 48

在夏天，我们听到的鸣叫声是虫子发出来的吗？ …… 49

熊为什么要冬眠？ …………………………… 50

虾为什么总弓着身子？虾、蟹煮熟后为什么会变红？ …51

蚂蚁是怎样分工的？ ………………………… 52

一颗蛋能孵出两只鸡吗？鸡蛋的哪一面更结实？ …… 53

哪些动物需要冬眠？ ………………………… 54

吸血蝙蝠是怎样吸血的？ …………………… 55

我想知道全世界有多少动物，最多的宠物是什么？ …… 56

狮子和老虎是猫科动物吗？ ………………… 57

科学家们能像电影《侏罗纪公园》里那样造出恐龙吗？ 58

动物妈妈如何照顾它们的小宝宝？ ………… 59

为什么说犀牛鸟是犀牛的好朋友？ ………… 60

为什么蚯蚓断成两截后还能再生？ ………… 61

鸟停在电线上为什么不会被电到？ ………… 62

热带鱼为什么大部分都是扁的，而且体色非常鲜艳？ 63

目录

Table of contents

什么鱼捕食昆虫的时候会用喷射"水枪"？ ……… 64

青蛙没有外耳，它是怎样听到声音的？ ……… 65

旅鼠会自杀吗？ ……… 66

旅鼠为什么要集体迁徙？ ……… 67

为什么青蛙不在寒冷的地区生活，例如南极大陆？ …… 68

为什么昆虫不能够长得和大象一样大？ ……… 69

昆虫能够呼吸吗？它们有没有肺？ ……… 70

为什么每种昆虫都不一样？ ……… 71

为什么苍蝇到了冬天会死，而蛆和蛹则能安然过冬？ …… 72

世界上有多少种濒危物种？它们为什么会濒临灭绝？ …… 73

你能告诉我名列前10名的濒危物种的名称吗？ ……… 74

鱼也有冬眠或夏眠现象吗？ ……… 75

狗是色盲吗？ ……… 76

牛有四个胃室，马是不是也有四个胃室？ ……… 77

群居动物中，有一只动物死后，其他动物会伤心吗？ 78

为什么在黑暗的地方猫的视力比人类的好得多？ …… 79

蛇没有脚，怎么能爬树呢？ ……… 80

蛇有骨头吗？ ……… 81

兔子为什么爱磨牙？ ……… 82

马有肚脐吗？ ……… 83

猫和其他动物也换牙吗？ ……… 84

没有公鸡帮忙，母鸡能单独下蛋吗？ ……… 85

公鸡为什么要打鸣？ ……… 86

飞鱼真的能飞吗？ ……… 87

负鼠为什么要"装死"？ ……… 88

狼的眼睛在夜里为什么发绿光？ ……… 89

目录

蟒蛇会压碎猎物吗? ·············· 90

为什么人只靠两条腿就能站起来? ·············· 91

动物们都是怎样避暑的? ·············· 92

天气热的时候,耳朵越大的兔子越凉快吗? ·············· 93

池塘结冰,青蛙睡在哪里? ·············· 94

动物们是怎样冬眠的? ·············· 95

为什么小动物的心跳速度比大动物的快? ·············· 96

心跳与寿命有什么关系? ·············· 97

先有鸡还是先有蛋? ·············· 98

最大的海鸟是什么? ·············· 99

蟑螂死时都是背着地吗? ·············· 100

蜈蚣真的有一百条腿吗? ·············· 101

除人以外,什么动物不长尾巴? 狗为什么摇尾巴? ······ 102

动物的尾巴都有什么用? ·············· 103

抚摸动物时,它们能够感受到人类对它们的喜爱吗? 104

动物会不会做梦? ·············· 105

为什么鸟会飞,人不能飞? ·············· 106

鸟死的时候会不会掉下来? ·············· 107

北极狐为什么是圆脸? ·············· 108

豹为什么把猎物拖到树上? ·············· 109

鱼死后会漂在水面上吗? ·············· 110

一只鲨鱼有多重? ·············· 111

变色龙为什么要变色? ·············· 112

变色龙是怎样变色的? ·············· 113

为什么猫头鹰白天看不见? ·············· 114

孔雀为什么开屏? ·············· 115

目 录

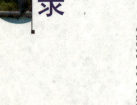

Table of contents

 美国孩子最喜欢问的为什么

羊吃草，人再吃羊，那人为什么不直接吃草呢？ ……116

动物也会消化不良吗？ ……………………………117

为什么有的骆驼有一个驼峰，而有的骆驼却有两个？ 118

为什么人们把骆驼称为"沙漠之舟"？ ……………119

蜗牛为什么下雨后才出来？它怎么贴在树枝上？ ……120

蜗牛为什么有壳？ ………………………………121

熊猫真的会遗弃幼仔吗？ …………………………122

大象怕老鼠吗？ …………………………………123

为什么北极熊的毛是白的，而企鹅的毛却是黑的？ ……124

为什么企鹅生活在南极而不是北极？ ……………125

为什么吃火鸡会犯困？ …………………………126

和其他鸟相比，火鸡的脑袋为什么那么丑？ ………127

为什么干旱时会闹蝗灾？ …………………………128

蝗灾与气候有什么关系？ …………………………129

啄木鸟为什么啄树？ ……………………………130

啄木鸟为什么不得脑震荡？ ………………………131

鹦鹉为什么会说话？ ……………………………132

为什么犀鸟的嘴看起来那么重，却不影响飞行？ ……133

为什么喜鹊可以在地上行走，而麻雀只能跳？ ………134

为什么乌鸦代表不吉利？ …………………………135

大猩猩为什么喜欢捶胸？ …………………………136

为什么猴子没有眼白？猴子和猿有什么区别？ ………137

雄海马怎么生小海马？ …………………………138

海豚为什么爱救人？海豚能看见蓝色吗？ …………139

鸵鸟为什么不能飞翔？ …………………………140

丹顶鹤为什么要单腿站立？ ………………………141

目
录

梅花鹿的斑纹为什么在夏天才能看得见？············142

鸟儿为什么常舔羽毛？鸟儿为什么掉羽毛？··········143

珊瑚是植物还是动物？·····························144

海葵为什么时开时合？·····························145

小丑鱼为什么不怕海葵？···························146

为什么水母能发光？·······························147

为什么动物从来不刷牙，也不会得牙病？············148

鸟儿也洗澡吗？···································149

螃蟹为什么横着走？·······························150

比目鱼的眼睛怎样"搬家"？························151

下雨前，燕子为什么飞得那么低？··················152

为什么红色会激怒牛？·····························153

壁虎为什么能飞檐走壁？···························154

蜥蜴为什么能行走如飞？···························155

豪猪会互相用身上的刺来刺对方吗？················156

下雨天鸟儿怎样躲雨？·····························157

食人鱼真的食人吗？·······························158

鱼为什么会有鳞？·································159

山魈的脸为什么是蓝色的？·························160

猎豹为什么能快速奔跑？···························161

鳄鱼为什么喜欢吞石块？···························162

蛇为什么经常吐舌头？·····························163

为什么说军舰鸟是空中强盗？······················164

蜻蜓为什么要点水？·······························165

Table of contents

乌龟的寿命为什么那么长?

乌龟是少数比人类长寿的动物之一,而以植物为食的龟类的寿命一般要比吃肉和杂食的龟类的寿命长一些。乌龟之所以长寿有以下几个方面的原因:

首先,乌龟有与众不同的身体结构和生理机能。乌龟有一身坚硬的甲壳,这身甲壳可以保护它的头、腹、四肢和尾,以免受到外界伤害。同时,乌龟还有嗜睡的习性,一年要睡上 10 个月左右,既要冬眠又要夏眠,这样,新陈代谢就显得更为缓慢,能量消耗极少。

其次,乌龟还能使自己的生理节奏放慢,进入假死状态。细胞研究发现,动物的成纤维细胞繁殖代数与动物寿命呈正比。乌龟的细胞分化缓慢,繁殖代的次数多,它的成纤维细胞体外培养可达到 125 代,而人类成纤维细胞只能达到 50 代。

再次,动物学家和医学家检查了龟类的心脏机能,乌龟的心脏离体取出后,竟然能够自己跳动 24 小时之久,这说明乌龟的心脏机能较强,这对乌龟的寿命也起着重要的作用。

另外,乌龟没有肋间肌,所以呼吸时,必须用口腔下方一上一下地运动,才能将空气吸入口腔,并压送至肺部。还由于它在呼吸时,头、足一伸一缩,肺也就一张一吸,这种特殊的呼吸动作,也是乌龟能够长寿的原因。

部分哺乳动物的寿命表	
哺乳动物	年
大象	69
马	50
河马	49
黑猩猩	40
灰熊	32
野牛	30
狮子	30
老虎	25
麋鹿	22
美洲狮	20
海狸	19
狼	16
松鼠	16
花栗鼠	12

在自然环境中,乌龟以蠕虫、螺类、虾及小鱼等为食,也吃植物的茎叶。

哪种动物最长寿?

　　这个问题依然很有趣。在所有动物中,巨型乌龟的寿命最长,大约能活 177 年。腹毛虫(一种微型的水栖动物)寿命最短,仅能活 3 天。

　　不过就哺乳动物来说,灵长类是最长寿的物种,而人类又是灵长类中寿命最长的。有记载的世界上曾经最长寿的人是法国女寿星珍妮·路易丝·卡尔梅特,据《吉尼斯世界记录》记载,1997 年她去世时是 122 岁。在灵长类中,大脑越大的,生存的时间越长。哺乳动物中寿命排第二的是大象,可以活 60—70 年。小鼩鼱的寿命最短,只能存活 1—1.5 年的时间。

🔺 大猩猩是最大的灵长类动物。大猩猩栖居于海拔高的赤道热带雨林地带,以树叶、嫩芽、花、果实等为食。

🔺 乌龟性情温和,遇到敌害或受到惊吓时,便把头、四肢和尾缩入壳内。

🔺 一般野生的龟寿命是 30—60 年左右,不同种类的龟寿命也不一样,一般说来大型龟比小型龟寿命长,水龟比陆龟寿命长。

小鼩鼱

　　小鼩鼱生活在森林里面,是最小的哺乳动物之一,身体只有 7 厘米长。长着灰褐色或红棕色的皮毛,腹部是白的,尾巴很短。夏天毛色变浅,冬天则变深。鼩鼱视力和听力都很差,捕食的时候通常依靠嗅觉和触觉。它们吃蚯蚓、蜘蛛、蜗牛、毛毛虫、甲壳虫、蟋蟀和小青蛙。

　　小鼩鼱的寿命很短,产仔后,鼩鼱爸爸和鼩鼱妈妈会一起来抚养孩子,但 1 个月后,便让幼仔自己去独立生活。

🔺 鼩鼱视力和听力都很差,捕食的时候通常依靠嗅觉和触觉。

蜘蛛怎样发现猎物？

　　蜘蛛不会成天待在网上等候猎物，但网上的细丝总有一根连着蜘蛛休息的地方，因此，只要蛛网动一下，蜘蛛就会爬出来看看。对于粘在网上的猎物，蜘蛛都会先咬上一口，它能通过牙齿向猎物体内输送一种特殊的消化酶，使猎物昏迷、抽搐，直至死亡，并使它们的肌肉液化，变成液体的"高蛋白罐头"。

⬆ 当小昆虫撞到网上被黏住后，蜘蛛会快速地爬过去将它抓住。如果猎物还在网上挣扎，蜘蛛就从腹部排出一束白丝将猎物牢牢地缠起来。

➡ 不同种类的蜘蛛所织的网，样子和花纹也常不一样，有圆网、漏斗网、三角网、华盖网和不规则网等。其中，最精致的是圆网，呈放射状，如同中国古代的八卦阵。

蜘蛛之最

　　世界上最小的蜘蛛：巴拿马的热带森林里生活着一种小蜘蛛，体长仅 0.8 毫米，可能是世界上最小的蜘蛛。

　　世界上最大的蜘蛛：格莱斯食鸟蜘蛛，生活在拉丁美洲热带雨林中，身长 10 厘米，体重 135 克，展肢可达 25 厘米。青蛙、蜥蜴甚至小型哺乳动物都是它的食物。

　　世界上最毒的蜘蛛："黑寡妇"蜘蛛，也叫"斑蛛"，生活在亚马孙河流域森林和沼泽地里。它的上腭内长有毒腺，当遇到人畜时，会立即跃起蜇伤对方，使受害者的运动神经中枢迅速中毒，全身麻痹，继而死亡。

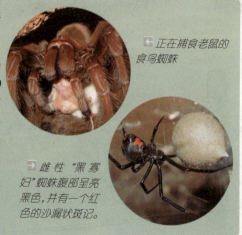

⬅ 正在捕食老鼠的食鸟蜘蛛

➡ 雌性"黑寡妇"蜘蛛腹部呈亮黑色，并有一个红色的沙漏状斑记。

蜘蛛怎样捕捉猎物？

　　蜘蛛是节肢动物，它捕获猎物的武器便是那张大网。蛛丝有黏性，当昆虫粘在网上挣扎时，蜘蛛会立刻从隐蔽处爬到蛛网上，用螯肢刺破昆虫的身体，将毒液注入昆虫体内，使它麻痹，然后再分泌消化液，将昆虫体内的组织溶解。

　　蛛网的黏滞性相当强，小昆虫一旦触及，就算有翅膀也是逃不掉的。但蛛网粘不住蜘蛛自己，这是因为蜘蛛身上有一层润滑剂。蛛丝也是蜘蛛的生命线，当它突然受震从空中跌落时，丝线便将它吊住。蜘蛛丝很轻，几乎能悬浮在空中，但非常牢固。一束由蜘蛛丝组成的绳子比同样粗细的不锈钢钢筋还要坚强有力。它能够承受比钢筋还多5倍的重量而不会折断。

　　并不是所有蜘蛛都织网，有些蜘蛛织网用的蛛丝完全没有黏性。蜘蛛是肉食性动物。不结网的蜘蛛，如狼蛛、跳蛛、蟹蛛是游猎捕食。塔兰泰拉蜘蛛甚至可以捕食兔子、鼠类等哺乳动物。

🔺 蜘蛛有8条腿，它不属于昆虫。

🔺 蜘蛛所结的网过一段时间会失去黏性，所以它们不得不经常更换织网场所，重织新网。

关于蜘蛛……

　　蜘蛛吐出的丝分为横丝、纵丝两种，其中纵丝主要是支撑蜘蛛网结构的，强度大，但无黏性；而横丝上有水珠似的突起，它们被称为黏珠，其黏性能让误闯入网的昆虫难以脱身。蜘蛛在网上活动时，会选择在没有黏性的纵丝上，避免被粘住。而且，即使被粘住，蜘蛛也能分泌出一种油性物质，并将它涂抹到身上尤其是脚上，正是这种油性物质使它即使碰到了横丝也不会被粘住。

◀ 有一些蜘蛛虽然不结网，但捕食本领也不小。当发现猎物时，就静静地爬到猎物旁边，趁其不备，骤然跃起，将小昆虫抓住，并用螯肢咬住，随即排出毒液，将其毒死，然后吃掉。

🔺 鸵鸟有着大大的眼睛，视力也很不错。

什么动物的眼睛最大？

🔺 蜜蜂的小眼睛

你也许会想当然的认为蓝鲸的眼睛是最大的，它的眼睛大小和橄榄球差不多，实际上在我们目前发现的动物中，就属大王乌贼的眼睛最大。如果举行一场"大眼睛"比赛的话，所有的动物都将输给大王乌贼，大王乌贼的眼睛简直就是一只大盘子，它的眼睛长约28厘米，比标准篮球还要大一点，比人眼大10倍。

尽管乌贼的眼睛是在水下完成进化的，而人类的眼睛则是在空气中完成进化的，结构却大致相似，都有角膜、瞳孔和视网膜。

如果你问的是陆地上哪种动物的眼睛最大，那么，答案会是鸵鸟。鸵鸟的眼睛直径约为5厘米。第二名是马，马的眼睛比大象的还要大。

鸵鸟能在这个世界上生存下来，很大程度上得益于它的眼睛。它不会飞，但极为机警，具有非常好的视力。若遇到强敌侵犯，可以在很远的距离内发现敌情，然后以103千米/小时的速度逃走。

🔻 在我们目前发现的动物中，大王乌贼的眼睛是所有动物中最大的。

眼睛最小的动物

蜜蜂的眼睛最小。蜜蜂和其他昆虫一样，有两只复眼和三只单眼，一共有五只眼睛。复眼长在头部两侧上方，由数千只单眼组成。蜜蜂利用单眼作近距离观察，另外还凭借单眼察觉白天和黑夜。

尽管蜜蜂有五只眼睛，但它们的视力还是不大好，不能区分橙红色与绿色。它们的视觉敏锐度虽然高于许多昆虫，但却只及人类的80%。

冷血动物也会发烧吗？

是的,有些冷血动物也会发烧。冷血动物不能像我们人一样控制体温。蜥蜴就喜欢爬到阳光下取暖,以保持最适合的体温,这时如果感染细菌,便会发烧,不过,用不了多久它自己就会好起来。但如果不让蜥蜴晒太阳,它很可能会死。发烧有助于抑制细菌、病毒的生长和繁殖,增加体内物质代谢能力,使机体抗损伤和修复能力加强,加速炎症的消退。冷血动物并不真的"冷血"。实际上,有些蜥蜴比哺乳动物的体温还要高。冷血动物没有体内调温系统,但它们可以从外界得到热量。

↑ 鳄鱼属于冷血动物的一种

➡ 像蜥蜴这样的冷血动物可以很好地适应生存环境,不会随意发烧生病。

冷血动物

冷血动物没有体内调温系统,一般以行动来调节体温,调温的方法包括:蛇在石头上晒太阳,鱼在水中换到不同的深度,沙漠动物白天埋在沙里,昆虫振动翅膀来温暖它们飞行用的肌肉。因为冷血动物不太需要用自己的能量来取暖或降温,因此相比温血动物,同样重量的冷血动物只需要相对少的食物。

尽管在同样的环境下可以有 10 倍于温血动物的冷血动物存活,可是温血动物大多时候可以把冷血动物逼到灭绝,因为温血动物要找食物的时间比较多。

➡ 黄脊游蛇,蟒蛇中的一种,因为全身金黄,所以也叫蛇黄。

⬆ 河马没事喜欢待在水里,这样可以保护皮肤。

哪种动物的皮最厚?

在自然界中,除了大象有一身厚厚的皮以外,河马和犀牛也有厚厚的表皮。

河马虽然喜欢生活在水中,但是它的皮肤特别厚,背部和两侧的皮肤有 4 厘米 ~ 5 厘米厚,在皮肤下还有很厚的脂肪,可以保护它免受其他动物袭击。成年河马的身体可达 4 米长,由于四肢粗短,个子显得并不高,肩高只有 1.5 米,但身体很肥胖,体重可达 3 吨 ~ 4 吨。它还有一个非常引人注目的大脑袋和大得出奇的嘴,嘴比陆地上的任何动物都大。

提起犀牛,每个人都会想到它那坚硬如铠甲的外皮,这层外皮平均有 6 厘米厚,可以帮助犀牛抵御冲击,保护内部器官。在犀牛厚厚的皮肤下堆积着脂肪,把外皮撑起来,因此出现许多褶皱。在褶皱之间没有细嫩的皮肤和血管,因此这里成为犀牛的弱点,一些寄生虫喜欢在这里叮咬吸血,让犀牛痛痒难忍。不过犀牛有鸟类伙伴帮助自己对付这些寄生虫,不用怕这些小小的虫子。

⬇ 犀牛的皮肤非常厚,就像盔甲一样。

雁群为什么排成"一"字或"人"字形队伍飞行呢？

大雁在迁徙途中的队伍排列是一个十分有趣的问题，一些研究者认为这样的队列对雁群保持飞行有着特殊的作用。采用"一"字或"人"字形队伍飞行，可以使大雁不至于在飞行时失去方向，或速度变慢，跟不上队伍。当雁群飞行时，头雁的翅膀在空中划过，翅尖上会产生一股微弱的上升气流，后边的雁为了利用这股气流，就紧跟在前雁翅尖的后面飞，这样一个跟着一个，就排成了整齐的队伍。

一年两次的南北迁徙，对大雁来说都是非常漫长遥远的路程，任何一只大雁都不可能单独完成长达十几天的旅程。一般飞在前面的领头雁飞行技能最强，更费力一些，所以大雁们在长途飞行过程中，有时会交换位置，从而减少体力消耗，以使整个雁群都有足够的体力来飞完全程。

⬆ 大雁是一种候鸟，每当冬季要到来时，就会排着人字形队，飞往南方过冬。

北极燕鸥

北极燕鸥一年大约要飞行 3.5 万千米的距离，从北极飞到南极，又从南极飞回北极，许多人都无法相信这种只有 30 厘米长的鸟能飞得那么远。飞行的路上，燕鸥从不在海面上停歇，更不会去海里游泳。不过，它们会对磷虾、河虾、浮游生物进行俯冲轰炸，把这些东西带在路上吃。完事以后，便又会慢慢地朝前飞，继续漫长的旅行。

🐟 北极燕鸥

什么动物个子最高?

⬆ 因为身体庞大，长颈鹿活动缓慢而优雅。

长颈鹿是动物世界里出名的大高个,高是它们的优势,为它们的安全提供了保障。雄长颈鹿大约有5.5米高,可以轻易把脖子伸进两层楼的窗户里,雌长颈鹿稍微矮一点。初生的小长颈鹿也有1.8米高,它们不像别的哺乳动物宝宝那样爱玩,因为它们要积攒能量,以便长得高、长得快,在3个月后就能长到3米高。

长颈鹿的脖子有2米长,可以毫不费力地够着树顶,它还有大大的眼睛,可以看到很远的地方。长颈鹿依靠这双眼睛来观望狮子、豹子、野狗的动向,以便随时逃生。

长颈鹿的脖子和人的一样,也有七根颈椎骨,而且可以用脖子来表达自己的情绪。在生气的时候,它们会把脖子放低,贴在地上;服从命令的时候,把脖子伸得长长的,鼻子向上挺着。

➡ 长颈鹿群

长颈鹿是怎样睡觉的？

每个动物都需要休息，因此它们会睡觉，长颈鹿也不例外。成年长颈鹿睡觉时间很短，平均一天只有三个小时左右，即使在夜晚，它们也会警惕周围的环境，防止夜晚行动的捕食者。长颈鹿在睡着以后，它们会躺在地上，然后把脖子放在背上，静静地睡着了。躺到地上或者从地上站起来对长颈鹿来说，并不是那么容易的事。躺下时，它们要把脖子前前后后转一圈，以保持平衡，同时放下腿，先将重量集中到前腿，之后才移到后腿，这样才能安全躺下。要站起来的时候，长颈鹿会先把脖子挺起来，然后前腿站起来，最后后腿站起来。对长颈鹿来说，无论在什么时候，保持平衡都是一件重要的事情。

> ### 关于长颈鹿……
>
> 长颈鹿头上驾着一对小巧的鹿角，大而突出的眼睛位于头顶，适于远眺；白色的皮肤上布满了棕黄色斑块，这些斑块交织成网状，能起到隐形的作用；长颈鹿的蹄很大，这样可以支撑自己庞大的身躯。它们体重也不轻，一只壮实的长颈鹿相当于 20 多个成年人的体重。

艰难地饮水

长颈鹿喝水的时候也同样吃力。有水的时候，长颈鹿会定期饮水；没水的时候，也能够走很长的路都不用饮水。长颈鹿喝水的时候非常容易受伤，它要把两条前腿叉得宽宽的，头栽进水里。这个时候，它看不到敌人，而且如果敌人出现，以它目前的姿势，要跑起来逃命难度也会很大。不过，长颈鹿的奔跑速度很快，而且它们可以对敌人进行一定的反击。

→ *长颈鹿饮水*

蚁后可以确定蚂蚁的性别

蚂蚁有几只眼睛？

　　除了军蚁以外，一般的蚂蚁都有两只复眼，复眼由许多更小的小眼构成，每只小眼只能看到一小片地方，收集这一小片地方的信息。不同种类的蚂蚁，其构成复眼的小眼数量也不一样，例如木蚁有 460 只小眼，而黑花园蚂蚁则只有 120 只。蚂蚁的眼睛不能转动，视角只有 3°（人的视角是 150°），它只有朝着目标时才能看见物体，其视力也只有人类视力的 1/10。

　　大部分蚂蚁视力都很差，触角是它们最重要的感觉器官。大多数军蚁则没有眼睛，军蚁不用眼睛视物，而使用触角去触摸。有一些种类的军蚁只有两只单眼，而且分辨能力很低，只能区分明暗。

蚂蚁的视力很差，触角是它们重要的感应器。

　　蚂蚁依靠丰富的肢体语言传递信息。高高举起腹部站立，表示发现了好多食物；用腹部敲击地面表示发现"敌人"；互相"亲吻"其实是在与伙伴分享美味；将尾部弯曲在双脚间，这可是个危险动作，这样做通常是在准备"战斗"了。

　　蚂蚁喜欢吃一种蚜虫的分泌物，它们还会"饲养"蚜虫，以便自己享用，就像人类会饲养奶牛获得牛奶一样。蚂蚁是地球的"清道夫"，绝大多数小动物的尸体是由它们搬走并吃掉的。

蚂蚁视力极差，所以用触角去感应外界的事物。

小鸡在蛋壳里会呼吸吗?

看起来很结实的蛋壳其实有很多个气孔,氧气可以从这些气孔进入壳内,之后,二氧化碳和水又从气孔里排出。小鸡正是通过蛋壳的气孔来呼吸的。

小鸡的头部是在鸡蛋底部较大的那一端发育起来的。小鸡孵出前3天,已经用尖利的喙刺破鸡蛋底部的气囊,呼吸到生命里第一口空气。一旦小鸡能够呼吸,便开始轻啄蛋壳,时间一长,便在壳内啄出一个小洞。啄了千万遍以后,小鸡终于可以钻出蛋壳,直接从外界呼吸新鲜空气了。

⬆ 小鸡在孵出之前,已经用尖利的牙齿刺破了鸡蛋底部的气囊。

刚出生的小鸡

现在只需42天,肉鸡就可拿到市场上卖。

原来需要84天,肉鸡才可拿到市场上卖。

⬇ 刚刚破壳而出的小鸡是黄色的,它们在成长中会慢慢换掉羽毛。

关于鸡……

肉鸡的生长速度非常惊人:每天长47克,每月长1.4千克。一般的鸡可以活7年,不过,肉鸡通常会在六七个星期后杀掉来供应鸡肉。20年前一只肉鸡需要养上84天才可以拿到市场上卖,现在只需要42天。

谁是动物跳远和短跑冠军？

袋鼠是一种啮齿类哺乳动物

关于袋鼠……

袋鼠原产于澳大利亚大陆和巴布亚新几内亚的部分地区。袋鼠是食草动物，吃多种植物，有的还吃真菌类。

绝大多数雌性袋鼠都长有前开的育儿袋，育儿袋里有四个乳头。"幼崽"或小袋鼠就在育儿袋里被抚养长大，直到它们能在外部世界生存。

跳远金牌肯定要颁给澳洲袋鼠。袋鼠跳跃能力很强：轻轻一跳就是四五米远，再稍微用点力，七八米宽的小河也可一跃而过，袋鼠跳跃时速可达 40 千米 ~ 65 千米，比普通的汽车还快。

短跑冠军自然是猎豹了，每小时可达 110 千米或更快，猎豹起跑的速度极快，在 2 秒钟内可以把速度提到 65 千米/小时 ~ 70 千米/小时。然而，它的耐力差，高速奔跑只能维持几秒钟，所以要在"冠军"的前面加上"短跑"二字。

澳大利亚大陆袋鼠是动物中的跳远冠军

北极熊为什么不怕冷？

↑ 可爱的小海豹，却是北极熊的盘中餐。

　　北极气候寒冷，因此北极熊要在这里生存，就需要特殊的抗冻本领。北极熊爱吃极富含脂肪的食物，食量也大，皮下积聚许多脂肪，能抵抗严寒，当然那样自己就变成大胖子。北极熊体内存在着一种抗寒冷的化学物质，其作用就像往水中加防冻剂一样。

　　此外，北极熊还有一身特殊的毛皮，它是北极熊的保护服。这身保护服能聚集最微弱的阳光，并逐渐积累起来，然后汇集到表皮上，使表皮的温度增加，皮下的血液将热输送到全身。据测定，北极熊身体所需的 1/4 热能是由这身特殊的毛皮提供的。这些毛皮又是很好的隔热体，减少北极熊身体的热量散失，所以北极熊不怕冷。

↑ 北极熊身上厚厚的皮毛保证它能生活在寒冷的北极

关于北极熊……

　　北极熊全身披着厚厚的毛发，甚至耳朵和脚掌也是一样，仅鼻头有一点黑。毛的结构非常复杂，里面中空，起保温隔热作用。北极熊是在浮冰上觅食的，它们的主要食物是海豹，偶尔也会吃一些植物的根茎、鸟蛋和小型哺乳动物。北极熊有的冬眠，有的不冬眠，这与食物有关。食物丰富时，北极熊不冬眠；食物严重缺乏时，北极熊就躲进雪窝里冬眠，减少能量消耗。

↑ 北极熊在寻觅食物

⬆ *蝴蝶是动物界中外形变化最为多端的动物种类之一*

蝴蝶擅长做什么？

蝴蝶最擅长的就是找食物，它们以花蜜为食，也顺便为植物授粉，使植物长出种子和果实。许多植物需要靠蝴蝶的帮助，将花粉从雄蕊花药中沾出后，传送到雌蕊胚珠上。胚珠好比植物的蛋，植物的种子就是从胚珠中长出来的。

⬆ *眼蝶是蝴蝶的一种*

在自然条件下，昆虫（包括蜜蜂、甲虫、蝇类和蛾等）和风是最主要的两种传粉媒介。这些昆虫吸食花蜜的时候，花粉沾到昆虫的头或腿上，又落到另一朵花上。蝴蝶是了不起的授粉专家，它们将长长的嘴埋进花里去吸吮花蜜的时候，头上便沾满了花粉。

同其他昆虫一样，蝴蝶还可以改变植物。蝴蝶及其幼虫都以植物为食，为了生存下来，这些植物开始自我防御，制造出一种有毒的或者口感很差的物质。但这些物质却很对人的胃口。这些能自我防御的植物包括洋葱、卷心菜、胡椒、香菜等。

蝴蝶还具有指示作用。如果一个地方原先有许多蝴蝶，后来却越来越少，甚至消失，那么，这个地方显然存在问题。也许是过度使用化学杀虫剂，或者由于人类的入侵，毁掉了蝴蝶的栖息地。

关于蝶类……

所有的蝶类在下雨天都不用"打伞"，因为它们的翅膀鳞片上富含油脂，根本就不会沾水。不过它们也会收起美丽的翅膀，等雨过天晴的时候再飞到花丛中。

⬆ *吸食花蜜的蝴蝶*

狗鼻子为什么是冰凉的?

　　狗的鼻子里面有一种特殊的腺，能够分泌出液体，令鼻子内部变得湿润，锁住水分，湿气还会扩散到鼻子外面。这样一来，狗的鼻子便总是亮亮的，而且又凉又湿。另外，狗总喜欢舔自己的鼻子，可能也是原因之一吧。

　　狗的鼻子常常又凉又湿，但并不总是凉的。一天里，狗的鼻子会发生不同的变化，一会儿又凉又湿，一会儿又变得干燥、暖和。鼻子的湿度也受空气湿度的影响。当然，在这个问题上，不同的狗有不同的情况。

◀ 狗是我们人类最重要的伙伴，在上万年前，一些原始部落的人就驯养了狗，协助自己打猎，守卫家园。

关于狗……

　　关于狗的仰卧，这有三个原因：首先，这是狗完全放松的一种方式，意味着它"感觉很舒服"。显然，这个时候的狗已经不再担心遭到袭击了，才会把自己的脖子、小腹和心脏部位全部坦露出来；其次，这可能是它表示尊敬和顺从的一种方式；最后，有的时候狗也和人一样，需要享受孤独，需要安安静静地待上一阵子，什么也不想，什么也不做。这个时候，记住不要去打扰它哦！

人类忠实的朋友

　　狗是人类最忠实的朋友。它们既聪明，又勇敢忠诚，在人们的生活中起着很重要的作用。狗的嗅觉及听觉敏锐，在搜寻、侦察等方面已经成为人类的好帮手。

　　许多家庭都有饲养宠物狗的习惯。宠物狗天性活泼、好动，能给主人带来快乐。最常见的玩赏犬有狮子狗、狐狸犬等。

➡ 狗可以帮助人缓解压力

鱼什么时间睡觉？

⤒ 鱼没有眼睑，所以睡觉的时候眼睛是睁着的。

关于鱼……

现存脊椎动物亚门中，鱼纲种类最多，有 2.4 万种左右，分布在全世界各个水域。通常根据鱼类骨骼性质的异同，将鱼类分为软骨鱼系和硬骨鱼系两大类。软骨鱼有一副完全由软骨组成的骨架，并由钙加固。这类鱼主要是鲨鱼和鳐目鱼。硬骨鱼有一副骨骼，比如旗鱼和鳐鱼。

这要看鱼自己怎么安排了。住在暗礁里的鹦哥鱼通常晚上睡觉，它们在礁石的裂缝里找个洞，钻进去睡。鹦哥鱼一打起盹儿来，就会睡得很死。可能因为这里非常隐蔽，自以为食肉动物找不到这里来，太放心了，所以才会放松警惕。不幸的是，当它们睡得不省人事的时候，极有可能落入碰巧摸到这里的潜水员的手里，成为餐桌上的一道美餐。鲱鱼、米诺鱼、金枪鱼也喜欢晚上睡觉。鲶鱼、欧洲鲈鱼、河鲈鱼则爱钻到木头底下或者河堤里睡上整整一天。有些鲨鱼(像大白鲨、虎鲨)也是白天睡觉，晚上出来捕食。

⤒ 金枪鱼

有趣的是，鱼睡觉的时候眼睛是睁着的，因为它们没有眼睑，自然也就没法闭上眼睛了。

⤓ 大白鲨有着独特冷艳的色泽、乌黑的眼睛、凶恶的牙齿和双腭，这让它成为世界上最易于辨认的鲨鱼。

没有光的深水里,鱼是怎样找到食物的呢?

没有光的情况下,鱼就要用其他感觉来寻找食物,它们最常用的是嗅觉,在鱼头两侧各有一只鼻孔,鱼依靠这两只鼻孔来嗅东西。有些鱼的嗅觉非常敏锐,鲨鱼可以嗅出水百万分之一浓度的血腥味来,如噬人鲨可嗅到数千米外的受伤者的血腥味。

听觉和触觉也是深水动物常用的方法。鱼耳的功能和人类一样,一是收听声音,二是维持身体平衡。鱼不仅能清晰地分辨出在水中传递的高低不同频率的声波,并且能通过大脑及时地识别出声源的方向、距离和声源的位置。鱼的触觉也很有用,分布在身体表面或触须上的触觉细胞能接受水压或固体物的刺激,例如鲶鱼嘴的周围有很长的须,上面密布着无数个触觉细胞,可以很好地感觉来自外界的压力。一般来说,生活在黑暗地方的鱼类,它们都有比较发达的触觉。

还有些鱼自己能发光,来逃避敌害,捕捉食物,比如鮟鱇鱼就用发光器官吸引小鱼,吃掉它们。有些鱼如同萤火虫一样,自身有发光的特殊器官,另外一些鱼则借助细菌发光。

住在深水里的鱼对色彩的变化不敏感,因为水实在太深,将颜色过滤掉了。

大部分鱼类生活在阳光可以照射到的海域,比如浅湾和珊瑚礁。有一些鱼则生活在比较深的海域里,这样可以躲避天敌,或找到更多的食物。

↑ 电鳐是一种比较小的鳐鱼，它可以释放强大的电流，吓跑敌人。

动物如何进行自卫？

关于犀鱼和剑鱼……

　　生活在太平洋、印度洋热带海域的犀鱼，有一种非常厉害的武器——尾刺。它能左右开攻，分别用尾部两侧的刀来刺对方。剑鱼的"长剑"能刺透木船的甲板，如同锐利的剑，打起架来很好用。

　　在哥伦比亚，有一种叫"布拉西努斯"的甲虫，它的尾部可以喷射出一股高温液体。科学家发现，这种甲虫会通过化学反应，产生一股高压气雾，可以射向目标。这种"化学武器"不但能将螳螂、青蛙和老鼠等驱逐出境，连那些身披"盔甲"的犰狳也常被吓跑。

　　澳大利亚有一种银蕊虫，身体两侧长有 20 多个小孔，它白天躲在地里，夜晚出来觅食。这种完全没有护身外衣的虫子，也拥有一种独特的"化学武器"，遇到敌害时，它会从小孔里喷射出一种碱性液体，吓得来犯者赶快溜走。

　　非洲的热带森林中，有一种眼镜蛇，能射出一缕缕的毒液，达 4 米远，一些弱小的野兽遭到一次射击就会丧命。中美洲森林中有一种昆虫，背部储藏有浓度为 84% 的醋酸，必要时，可把醋酸液喷射 60 厘米 ~ 80 厘米远，以此射击来犯者。

　　海洋里的某些鱼类遇到敌害，能放出电流来击伤对方，如电鳐放出的电压可达 200 伏，电鳗放出的电压竟达 500 伏！对手怎能不害怕。

有没有哪种海洋哺乳动物是植食动物？

在海洋哺乳动物中，只有一种食草的哺乳动物，那就是海牛。海牛的食量很大，一头成年海牛每天吃掉的水草大约有 36 千克重，相当于自身体重的 10%。这么多的食物需要很好的消化系统。海牛的肠子长达 30 米，可以很好地消化和吸收食物中的养料。海牛吃草像卷地毯一般，一片一片吃过去，真是名副其实的水中"除草机"。

海牛并不会游到深海中去，它们喜欢生活在群岛或大陆海域附近，这样可以自由地在淡水和海水间巡游，也可以找到足够的食物。在美洲和非洲的热带及亚热带水域、印度群岛的西部和非洲西部的河流、海湾、河口及海岸各处，都可以看到海牛的身影。有一些海牛也生活在淡水中，比如亚马孙海牛生活在亚马孙河中，西非海牛生活在乍得湖和喀麦隆湖中。

⬆ 海牛生活在水草丰盛的水域里，这样就可以不费力气找到食物。

关于海牛……

海牛为适应水中生活，前肢退化为鳍，后肢逐渐退化消失，尾巴为圆形的阔鳍。海牛生活在热带的浅海或内陆的深水河、湖中，以各种水草或其他水生植物为食。海牛在哺乳时会用前肢拥抱幼崽，头、胸部露在水面，好像人在水中游泳，故有"人鱼"之称。

⬆ 海牛

为什么有时候狗会吃草？

↑ 狗是犬科动物，它们可以吃植物性食物，也可以吃动物性食物，是一种杂食动物。

狗吃草的原因很多。

首先，大多数人认为狗是食肉动物，因为它的一些远亲，例如同为犬科动物的狼和狐狸，都是食肉动物，逮到动物就吃。实际上狗是杂食动物，一些人认为狗也需要纤维，纤维只有植物中才有，所以狗的祖先会吃草来获得纤维。和人类生活在一起的狗不得不适应植物性食物，因为家狗没有机会去野外抓小动物吃，就只能吃主人给的狗食，而且狗可以消化植物。因此，狗有时候会吃草就是一件正常的事情。

许多兽医发现，当狗吃错东西而感到胃难受时，它们会吃一些草，这样可以帮助它吐出胃中的食物，使自己能舒服一些。也就是说，狗吃草是为了救自己一命。

还有一个原因，有时候狗吃草是为了收集一些信息。狗的嘴巴在叶片上蹭来蹭去，依靠嗅觉和味觉来判断有没有别的动物来过这里。

关于狗……

狗的祖先是远古犬科动物。在一次偶然的机会里，猎人把这些犬类动物的幼仔带回家，并慢慢将它们驯服。人们经过长期的驯养，终于培育出了狗这种动物。如今，狗已成为人类不可缺少的动物朋友。

狗同样长着两个鼻孔，但嗅觉比人要灵敏得多，它们能够辨别 1 000 多种不同物质的气味，是一个了不起的气味探测者。

↑ 吃草可以帮助狗缓解胃的不舒服

兔子的寿命有多长,它老了后牙齿也会掉吗?

↑ 兔子也是一种人类畜养的动物,为我们提供毛皮和肉。

年龄最大的兔子大概 12 岁左右吧。3 年前,453 户养兔人家接受了网络调查:你家里年龄最大的兔子有多大? 调查中 53% 的兔子只有 2 岁,但也有 1% 的兔子已经 10 岁了。照顾得好的兔子活 8—13 年不成问题。棉尾兔可以活 8—10 年,欧洲野兔可以活 13 年。

幼兔出生 6 周后才断奶,这段时间内必须和母兔在一起,太早离开熟悉的环境,比较容易死亡。

我们人类老了以后,牙床也会跟着衰老,因此牙齿会陆续脱落,但是兔子的牙齿老了以后不会掉,这是因为在它的牙床衰老以前,兔子的寿命就结束了。兔子的牙齿还有一个特点,就是随着年龄的增长,门牙和臼齿也会跟着生长,而且在兔子的一生中都在不断地生长,因此你不用为兔子的牙齿担心,即使老了,兔子照样可以咀嚼食物。

关于兔子……

兔子吃大量的干草,以便起到磨牙的效果。兔子的臼齿恰好可以用来磨碎食物。兔子咀嚼干草的时候,不仅臼齿能磨得整齐,门牙在切断干草时也达到了磨牙效果。

不同的斑马身上的斑纹也
不同

为什么斑马身上会长斑纹?

斑马身上的斑纹是一种适应环境的保护色。到了晚上,斑马身上的条纹使它很自然地融入夜色,将它隐蔽起来,在50米以外,即使是出来觅食的夜行食肉动物,也是无法看清楚的。在白天,斑马受到狮子的追捕而奔跑,它身上的条纹跟着跳动,会产生有动感的效果,使狮子视线模糊,无法锁定目标,最后不得不放弃。

另外,条纹还可以分散和削弱蚊虫的注意力,色彩对比强烈的黑白条纹把蚊蝇弄得眼花缭乱,从而避免蚊蝇叮咬。

这种保护色是长期自然选择的结果。在阳光或月光的照射下,由于斑马身上的黑白颜色吸收和反射光线的不同,能破坏和分散它身形的轮廓,起到了模糊或分散斑马身体轮廓的作用,远远望去,很难将它同周围环境区分开来。那些条纹不明显的斑马逐渐被猛兽吃掉,条纹显著的得以生存下来,一代一代遗传下来,就成了现在这样斑纹分明的斑马了。

关于斑马……

不同的斑马身上的条纹也互不相同,这和我们人类的指纹一样,千差万别。这也是斑马互相辨认、区别的标志。有人做过这样的实验,把正在哺乳的母斑马颈部的一条白斑涂成黑颜色,再放回斑马群中,小斑马就很难找到妈妈了。气候越是炎热的地区,生活在那里的斑马身上的条纹数量也越多。

斑马从外表看显得十分肥壮,而且皮毛也富于光泽。

斑马到底是白色还是黑色？

　　我们已经知道了斑马身上黑白相间的条纹能够保护自己免受猛兽袭击，但是斑马到底是白色的，还是黑色的？实际上，斑马的身体颜色是白色的，而身上布满的黑色条纹只是白色底子上的点缀，因为斑马身上白颜色的面积要大于黑颜色。这就好像在一块白布上染上数道黑色条纹一样。

↑ 斑马身上黑白相间的条纹就是它们自身的标志

　　斑马是非洲大陆的特产动物，主要产于埃塞俄比亚、索马里和肯尼亚。斑马的外形与一般的马相似，是马的近亲。各种斑马都有深色的条纹遍布在较浅色的身体上。赤道附近的斑马条纹完全呈黑色，而越接近非洲南部，条纹颜色就越浅。由于数量稀少，斑马是国际上重要的受保护野生动物，禁止随意猎杀。

关于斑马……

　　斑马生活在开阔的平原和稀树草原地带，以嫩树枝叶和青草为食，喜欢集群生活，常由一头首领带着进行活动。斑马的听觉、嗅觉和视觉都很灵敏，并且善于奔跑，每小时可达 64 千米，但是抗敌能力较差，是出名的"胆小鬼"，遇到敌人就吓得失魂落魄，集体狂逃，甚至被撞死或吓死。对斑马群来说，狮子是最大的威胁。

↑ 斑马是群居动物，很少有单独行动的。

为什么大象能用鼻子吸水？它不怕被呛到吗？

大象的气管和食道是相通的，在它的鼻腔后面，连接食道的上方，有一块会自动开合的软骨。当大象用鼻子吸水时，大脑中枢神经便会下达命令，让喉咙部位的肌肉收缩，以使食道上面的软骨自动将连接气管的入口盖住，而被大象吸入鼻腔中的水，就只能进入食道，并不会吸入气管，自然也到不了肺里，所以大象就不会被呛到了。当大象再将吸进去的水又吐出来时，中枢神经会告诉这块软骨，让它自动张开，以便大象的身体继续维持正常的呼吸运动。

关于象……

象鼻是大象的生存支柱，既可以当鼻子、手、脚，还可发出信号。另外还能采集高至 7 米的食物，用来吸水，劈开树木。

炎热的夏季，象的两片大耳朵可以用来当做扇子降温；生气的时候，大象也会张开耳朵，愤怒地舞动。

当人给大象洗澡，由于大象的气管和食道是相通的，所以，当水进入大象的鼻子时，大象不会被呛到。

最重的大象有多重?

据吉尼斯世界记录记载,在非洲安哥拉的一头雄象重达 13.5 吨,相当于 9 辆汽车重,是已知世界上最重的大象。

↑ 亚洲象的耳朵形状小于非洲象,并且亚洲象只有雄象有象牙。

非洲象是陆地上最大的哺乳动物,成年象平均重量有 6 吨,肩部平均高度 3.35 米,它的耳朵有 1.2 米宽,1.8 米长。

新生的小象也有 1 米高,重达 91 千克,恰好可以从妈妈的腹下穿过,出生后 20 分钟便会走路。

象鼻既是鼻子也是象的上嘴唇,重达 136 千克。象的嗅觉非常灵敏,能闻到 500 米外的人身上的气味。

关于象牙……

象牙不但是摄取食物的工具,也是和敌人格斗时的武器。象牙非常坚硬,被广泛用来雕刻成装饰品。尽管象牙贸易曾经十分普遍、利润丰厚,但现在许多国家都禁止象牙进口,因为象牙贸易导致大象濒临灭绝。

➡ 因为年纪太小所以小象的象牙还没长出来

↑ 海狮从来不喝水，它们从食物中获得了身体所需的水分。

↑ 北极熊可以从食物中获取淡水，因此很少看到它们啃冰。

关于海洋中的哺乳动物……

海洋哺乳动物分布在南北两极到接近赤道的世界各海洋中。海洋哺乳动物同时具有陆生高等哺乳动物及水生动物特征：①体型为纺锤型或流线型，分属半水生生物和全水生生物。前者如海獭和北极熊，似陆上兽类；后者如鲸类和海牛类，似鱼。②用肺呼吸。③依靠皮下厚脂肪层或很好的毛皮保温。④多数1年1胎、1胎1仔，有的3年1胎。哺乳期0.5 ~ 1年，初生仔较大，幼兽随母兽时间较长。

海洋哺乳动物喝什么？

大多数海洋哺乳动物从捕食的猎物身上吸取水分，它们利用氧气将碳水化合物和脂肪分解为水、二氧化碳和能量，这个过程被称作新陈代谢。人们发现海豹、海狮、海豚、海獭有时候会喝海水，但在喝海水之前，这些动物先将自己体内的盐分排出——通过排泄高盐度的尿液来排除它们体内多余的盐分。它们的尿液中，盐分的含量竟然达到了海水盐分含量的2.5倍，是它们自身血液中盐分浓度的7倍~8倍。有些海豹吃雪，获得淡水。

一般来说，以食鱼为生的海洋动物没有多余的盐分需要排出，因为鱼体内含有的盐分和这些动物血液的含盐量很接近，因此，它们可以完全不考虑如何调整体内盐分与水分含量均衡的问题。科学家们对美国加利福尼亚海域内的海狮进行研究，结果表明：像海狮这类靠食鱼为生的海洋哺乳动物，就算根本不饮用任何淡水，也能够活下来。

在海水与淡水之间，海牛会选择淡水。居住在美国佛罗里达州的居民有时故意将花园里的水管开着，以引诱海牛来喝水。

↑ 海豚也属于海洋哺乳动物

蝙蝠为什么要在夜里飞行?

蝙蝠宽大的翅膀没有毛,如果白天出来的话,会被太阳晒干。蝙蝠善于在夜间飞行,这是因为它们可以靠听觉(而不是视觉)来辨别方向。蝙蝠在飞行的时候,喉内能够产生超声波,超声波通过口腔发射出来。当超声波遇到昆虫或障碍物而反射回来时,蝙蝠能够用耳朵接收,并能判断探测目标是昆虫还是障碍物,以及距离它有多远。这种探测目标的方式被称作"回声定位"。

蝙蝠在几秒钟内就能捕捉到一只昆虫,一分钟可以捕捉十几只昆虫。对于某些体重几乎为零的小昆虫,无法满足蝙蝠的食量,这时,蝙蝠会在一小时的时间内抓到 1200 只这样的小昆虫,每 3 秒钟的时间吞掉一只。

有些蝙蝠以水果为食,也有许多蝙蝠以昆虫为食,热带地区的吸血蝙蝠则吸食动物的血液。

蝙蝠在夜里无论怎么飞,从来不会跟什么东西相撞,即使是一根极细的电线,它也会灵巧地避开。

⬆ *蝙蝠白天大部分时间都倒挂着休息。蝙蝠的听觉发达,可以用超声波寻找猎物。*

关于蝙蝠……

传说,在炎热的夏季,每当天黑以后,便会有一种"会飞的老鼠"在天空中飞来飞去。其实,它们就是蝙蝠。蝙蝠头很小,耳朵比较大,脸部怪异,与鼠脸有些相似。蝙蝠的前肢、后肢间有薄而无毛的伞形翼膜。指上的关节活动自如,翼膜也能随之灵活地打开和收拢。它们白天在屋顶或树洞内倒挂着睡觉,晚上则犹如"幽灵"般出现,四处觅食。

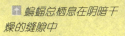

🔸 *蝙蝠总栖息在阴暗干燥的缝隙中*

翼龙曾经是天空中的霸主，它们也是有史以来最庞大的飞行动物。

恐龙是怎么灭绝的？

关于 6500 万年前恐龙灭绝之谜的推测，目前有许多版本。

一些科学家认为恐龙的消亡与开花植物的进化有关。开花植物出现以前，恐龙以常青树的松针为食，开花植物出现以后，取代了恐龙喜欢的松树，而此时恐龙没办法适应这种变化，它们拒绝吃开花植物，因此，最后不得不饿死。

另一个最流行的解释是这样的：一颗巨大的小行星或彗星与地球发生碰撞后爆炸，其危害程度不亚于一场核战争。大量的尘土、碎片、灰烬迅速飘扬到天空中，遮蔽了阳光，令它不能照射地球表面。这种暗无天日的时间持续了好几个月，继而引起温度急剧下降。没有阳光的参与，光合作用无法继续，许多植物因此枯萎。以植物为食的恐龙也就随之灭绝。

以上只是众多推测中的两种假设，直到目前为止，科学家还是无从知道造成恐龙灭绝的真正原因，也许这个谜永远都无法解开。

关于恐龙……

在很久很久以前，距今 2.3 亿—6500 万年的时候，地球上生活着一个庞大的家族，它们统治着海洋、陆地和天空，其他一切动物都无法和它们对抗，它们是名副其实的霸主，这就是恐龙。

据推测，最大的恐龙有 30 米长，体重达 40 吨~50 吨，就是用现在最大的公共汽车也拉不动它们。

恐龙化石

蝎子的血为什么是青色的？

↑ 蝎子的两只大钳子用来捕捉食物

血液不仅有红色，而且也有其他颜色：绿色、青色、玫瑰色，甚至白色。

大多数脊椎动物的血液是红色的。之所以如此，是由于血液中含有红细胞。而红细胞的红色，是因为细胞中所含血红蛋白的色素是红色的缘故。经科学家查明，血红蛋白里面含有丰富的铁质，铁质使血红蛋白呈红色。

↑ 蝎子喜欢栖息在黑暗无光且干燥的夹缝里

如果血细胞中的血红蛋白变成血绿蛋白，那动物的血液一定呈绿色。生物学家发现了多种含血绿蛋白的海洋软体动物。此外，某些蠕虫也带绿色血液。血绿蛋白的构造与血红蛋白相仿，只是血液中所含的不是铁，而是氧化亚铁。

蜘蛛、蝎子、虾、贝类、章鱼等动物，它们的血液则是青色的。这是因为这些动物血液的色素含有铜，血细胞中是血青蛋白。

↑ 蝎子性情古怪，有时还会吃掉自己的孩子。

关于蝎子……

蝎子是一种很古老的陆地动物，在大约四亿五千万年以前，地球上就有了蝎子，今天种类繁多的蝎子已经遍布世界各地。

蝎子常常竖立着带有毒刺的尾巴，晃动着一对强壮的大钳子，让人觉得非常可怕，其实除非遇到危险，蝎子是不会主动攻击的。蝎子的腹部分前腹和后腹，前腹七节，后腹五节，尾刺内有毒腺。

蝎子的性情有些古怪，雌蝎有时会将伴侣吃掉，俄极时，小蝎子也可能成为母蝎的食物。

↑ 黑猩猩是除了人以外最聪明的动物之一。瞧，这只黑猩猩正在学拍照呢！

关于动物智商……

有关专家经过研究和测试，排出10种最聪明的动物：①大猩猩（2种亚种）；②猩猩；③黑猩猩；④狒狒（7种亚种，包括黑面狒狒和大狒狒）；⑤长臂猿（7种亚种）；⑥猴子（许多亚种，特别是弥猴，黑猿）；⑦细齿鲸（好几种亚种，特别是"杀手鲸"）；⑧海豚（约80种亚种）；⑨大象（2种亚种）；⑩猪。

除人以外哪种动物最聪明？

大概是大猩猩、黑猩猩等灵长类动物，另外，经过训练的鹦鹉也能熟练地运用工具解决问题。

黑猩猩经常使用工具，它们用石块砸开坚果的外壳，用树枝、石块作为进攻的武器，用"树叶海绵"（为了增强树叶的吸水性，黑猩猩先咀嚼树叶，吐出树叶后就形成了"海绵"）来吸水，还会把树叶贴在流血的伤口上。黑猩猩会将一根长长的草棍伸进蚁穴里，当取出草棍时，上面挂满了一串蚂蚁，这样黑猩猩就轻轻松松地吃到蚂蚁了。

黑猩猩捕食的时候还会互相配合，一起分析问题，解决问题。

人类曾教会人工饲养的黑猩猩使用一些工具，它们不仅自己会用这些工具，还把使用工具的本领传给了下一代。经过训练，它们还知道数字顺序，除此之外，它们还会玩、亲吻、互相搔痒、大笑。

↑ 黑猩猩吃苹果

浣熊喜欢水吗？它们喜欢攻击人或别的动物吗？

最初，浣熊住在接近水域的森林里，它们喜欢泡在水里。后来人类砍伐森林，使森林消失，浣熊被迫迁徙到空旷的陆地，甚至在城市里生活。

当浣熊受到威胁时，也会发出攻击，它们会变得非常野蛮，用爪子和牙齿乱撕乱砍。如果受到猎犬的追捕，浣熊会将它引入水中，淹死猎犬。

但浣熊不会无缘无故地攻击人或别的动物。只有当人或别的动物停止食物供应，或者将浣熊逼上绝路时，浣熊才会发狂。

另外一个解释可能是浣熊染上了狂犬病，这个时候，它们会变得非常狂暴，毫无理由地攻击人类或别的动物。不过，到目前为止，还没有人因为被浣熊咬过而得上狂犬病的，但小心些还是有好处的。

▲ 找寻食物的浣熊

关于浣熊……

浣熊对食物一点都不挑剔。尽管它们属于肉食性动物，但也会偶尔吃一些富含各类维生素的素食。如果能顺手抓到一些昆虫、鸟蛋、小龙虾、青蛙或鱼，那就再好不过了。

贪婪的浣熊

闪电击中海面,会让海洋动物受伤或死掉吗?

雷电是大气中的放电现象,它的产生与大气层中的云有关,如层积云、雨层云、积云、积雨云等,最重要的则是积雨云。放电时间很短,总的持续时间一般为 0.2 秒,个别的可达 1.5 秒。闪电有枝状、球状、片状、条状等多种形状,但经常见到的是枝状闪电,其平均长度是 2 千米 ~ 3 千米,也有可达 20 千米 ~ 30 千米的。

每次闪电的电压高达1亿 ~ 10亿伏特,闪电的平均电流是 3 万安培,最大电流可达 30 万安培。闪电可以使周围的空气温度上升至 2.8 万摄氏度,比太阳表面的温度还要高 5 倍。因此,如果闪电的时候,海洋动物恰好在海面,那么当闪电击中该动物时,毫无疑问,它将会受伤甚至死亡。闪电击中海洋或其他水域时,由于海水的导电作用,闪电会进入水下,电死附近水域的鱼。相对而言,深水里的鱼会更安全些。

▼ 海底世界

地球上最大的动物是什么?

↖ 蓝鲸是地球上最大的动物,光它的尾巴就有9米多宽。

地球上最大的动物是蓝鲸,光是它的舌头上就能站50个人,它的心脏和小汽车一样大,婴儿可以爬过它的动脉,刚生下的蓝鲸幼崽比一头成年象还要重。一头成年蓝鲸的体重多达180吨,是非洲公象体重的30倍。蓝鲸没有牙齿,它以较小的海洋动物为食,比如磷虾。蓝鲸的食量很大,一头成年蓝鲸一天要消耗约418万焦耳的热量,相当于消化掉1吨磷虾释放的热量。

蓝鲸也是动物世界中绝无仅有的大力士。一头蓝鲸以每小时28千米的速度前进,可产生1250千瓦的功率,相当于一个中型火车头的拉力。

蓝鲸虽然生活在大海里,但也同其他哺乳动物一样用肺呼吸,它的肺重达1000千克,能容纳1000多升空气。这样大的肺容量,使它呼吸次数大大减少,可以在水下待上十几分钟,才露出水面呼吸一次。蓝鲸的寿命也很长,一般都在50岁以上,最多可以活过100岁。

↖ 虎鲸

↖ 蓝鲸是世界上最大的哺乳动物,遍布全球各大洋海域。

杀人鲸

虎鲸的英文名是杀人鲸,这是因为它们生性胆大而狡猾,凶残而贪婪,以体魄健壮、性情凶狠而闻名于世。它们拥有锋利无比的牙齿和快速准确的追捕本领,常常集体捕食,共享美餐,使得海洋中小到鱼虾海鸟,大到鲨鱼海象甚至鲸都成为它们猎食的对象。

→ 虎鲸,英文名称为杀人鲸,生性凶狠残忍。

蚊子的幼虫是生长在水中的，看起来像是小鱼一样，叫做孑孓。

蚊子会做好事吗？

雄蚊子可以清扫垃圾，在夏天，许多树上粘着一些脏东西，如果不是雄蚊子及时把它们打扫干净，无法想象这世界该有多脏。

小蚊子是鱼的美食。在鱼和青蛙栖息的地方，我们一般找不到蚊子幼虫。蚊子的幼虫虽然生活在水里，但它们得不时地露出水面呼吸空气，就在它们透气的当儿，鱼儿饱餐一顿的机会到了。

蚊子还是优质的鸟食，也是蝙蝠、蜻蜓的盘中餐。蚊子和蜜蜂等昆虫一样，爱吸食花蜜，因此也可以为植物授粉。

尽管蚊子也做过一些"好事"，但它依然是世界上最危险的生物。全世界每年约有两三百万人死于蚊虫叮咬，其中大部分是孩子。

关于蚊子心脏……

蚊子有心脏，但它的心脏和我们大型哺乳动物的心脏看起来不大一样。蚊子的心脏是一根又长又细的软管，从肛门开始，经过背部，一直连到胸部。

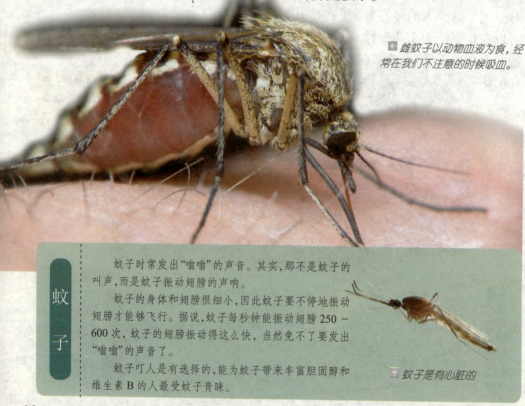

雄蚊子以动物血液为食，经常在我们不注意的时候吸血。

蚊子

蚊子时常发出"嗡嗡"的声音。其实，那不是蚊子的叫声，而是蚊子振动翅膀的声响。

蚊子的身体和翅膀很小，因此蚊子要不停地振动翅膀才能够飞行。据说，蚊子每秒钟能振动翅膀 250 ～ 600 次，蚊子的翅膀振动得这么快，当然免不了要发出"嗡嗡"的声音了。

蚊子叮人是有选择的，能为蚊子带来丰富胆固醇和维生素 B 的人最受蚊子青睐。

蚊子是有心脏的

鲸最后都是溺死的吗?

排除被天敌捕杀的情形不提,许多海洋动物在自然死亡过程中,不可避免会沉入水中溺死,这和病重的人常常死于窒息是一个道理。

当海洋哺乳动物生病了,不能进行呼吸的时候,便很容易溺水。海豹、海狮生病以后,常常爬到岸上来,在那里休息,恢复体力,从而救活自己,但这种自救方式不适合于鲸。鲸上岸以后,由于身体巨大的重量,脆弱的骨骼实在没办法支撑重压,于是胸腔和腹腔、肺和心以及其他内脏,便会受到严重压迫,导致呼吸、血液循环发生极大的困难和障碍,短时间内便会窒息而死。即使再把它拖进水里,它也活不过来了。

⬆ 鲸是潜水的高手,它们在下潜的时候,会把尾巴伸出水面。

关于鲸……
鲸是一种体型巨大的水生哺乳动物。全世界有90多种鲸,总体分为两大类:第一类是须鲸类。如长须鲸、蓝鲸、座头鲸、灰鲸等。第二类是齿鲸类,它们长有牙齿,没有鲸须,有一个鼻孔,能发出超声波,并有回声定位能力。

◀ 搁浅的鲸

奶牛的进化
奶牛并不是从鲸进化来的,但它们有一个共同的祖先。奶牛和河马是"姐妹",也是鲸的"远亲"。它们曾经有一个共同的"祖母"——巴基斯坦古鲸。巴基斯坦古鲸长得有点像狗,但尾巴比狗更长,嘴更凶猛,身体像狼那么大。

在4000万～5000万年前,鲸、海豚、鼠海豚就开始从陆生动物进化成海洋动物。

⬆ 巴基斯坦古鲸

世界上最大、最重的天牛
——泰坦大天牛。

甲虫能咬掉人的手指头吗?

也许可以。有一种叫泰坦大天牛的甲虫曾一口咬开一只铅笔盒,最大的泰坦大天牛也许可以切断人的小指。泰坦大天牛生活在巴西热带雨林里。雄性泰坦大天牛体长约14厘米,有些甚至超过17厘米,不过成虫什么也不吃,寿命只有3—4个星期。

金龟子是一种裹着厚厚的外壳的甲虫

鞘翅目是昆虫纲中最大也是分布最广的一目,通称甲虫。它们具有良好的适应能力,能在各种不同的环境里(如沙漠、森林、草原、洞穴、高山、温泉、沼泽或海岸地带)生活。有的寄生于其他昆虫的体内,有的寄生于哺乳动物的体外,有的在动物粪便、尸体、枯枝落叶层或土壤中生活,也有的寄居在鸟类或鼠类的巢穴中,或寄居于某些昆虫(如蚁类或蜂类)的巢内,还有的是仓库害虫。

锹甲是一种十分重视保护自己领地的甲虫,如果有其他甲虫侵入,它们就会动用武力驱赶入侵者。

甲虫

甲虫的食性很复杂,包括腐食性、植食性、捕食性和寄生性等。植食性甲虫大多是危害农林业的害虫。捕食性的甲虫中,有很多是对人类有益的,如瓢虫科、步甲科和虎甲科等。

步行虫也叫"步甲",属步行虫科。因为它们大多没有飞翔能力,通常步行,因而得名。

拟步甲属于鞘翅目拟步甲科昆虫,约有1.2万种。

独角仙是力气最大的甲虫

在夏天,我们听到的鸣叫声是虫子发出来的吗?

这是树上的蝉发出来的噪音。蝉的翼幅有 14 厘米,发出的声音是昆虫里面最高的,达到 120 分贝,相当于一架喷气发动机起飞时引发的噪音。这么高的声音连蝉自己也受不了,它一边长鸣一边"捂着耳朵",否则它也得被自己的声音震聋不可。

蝉的成虫喜欢栖息在高高的树干或树枝上,通常只有雄蝉才鸣叫。有些蝉选择在一天当中最热的时间段鸣叫,另外一些则选在傍晚或黎明。蝉发出鸣声是为了吸引异性,直到找到配偶了它们才不再鸣叫。雌蝉可以在 0.4 千米外听到它们的鸣声。

蝉之所以能鸣叫,是因为它的腹部有一对鸣器,由镜膜和鼓膜组成,当膜内发音股收缩时,便产生声波,发出嘹亮的声音。每种蝉发出的声音都不一样,雄蝉发出的鸣声也只为吸引同一种类的雌蝉。不过鸣器只是雄蝉才有,雌蝉是"哑巴",没有鸣器。

➡ 蝉以植物的汁液为食,因此任何一种植物的嫩枝都是它们的乐土。

⬆ 一到夏天,从高高的树梢上便会传来此起彼伏的蝉鸣。

关于蝉……
蝉身体表面有一层比较坚硬的皮,这层皮使体内物质不外流,又能防止外界有害之物的入侵,但对幼蝉的成长很不利,它限制了幼蝉身体的长大。幼蝉为了成长,所以要经常蜕壳。

➡ 蝉蜕壳

熊为什么要冬眠?

在冬季要到来时,棕熊会把自己吃得胖胖的,以度过又寒冷又饥饿的冬天。

关于熊……

熊在冬眠期间并不是一直在睡觉,只不过会尽量减少活动,避免热量消耗。其中最辛苦的是怀了孕的熊妈妈,它们必须在冬眠期间生下小熊,哺育熊宝宝。生长于热带地区的熊即使在冬天也很容易觅取食物,因此,它们并不冬眠。

冬天到了,气温下降,野生动物可以吃的食物越来越少。这时,有些动物经常出去觅食,等待严寒的天气过去。另外一些动物,比如熊,则以冬眠的方式来越冬。

冬眠是一种像睡觉似的静止状态。到了冬天,熊喜欢的许多食物都消失了,没有食物来维持自身的热量,过冬是很难的。进入冬眠状态以后,熊可以避开食物匮乏的冬天,于是,熊选择冬眠。

通常,熊会将冬眠的地点选在洞里,或者挖空的树里,然后将身子蜷起来,开始冬眠。冬眠期间自然是无法活动的,为了度过这段漫长的时光,熊必须积累脂肪来增加养料。冬眠的时候,熊消耗体内预先储存好的脂肪,来度过整个冬天,这期间熊的体重会下降 15% ~ 40%。

熊一般在十月初开始进入冬眠,次年四五月才醒来,这个时候,食物又丰富起来。冬眠实际上是许多动物奇特的适应自然的方式,可以帮助它们躲过冬天恶劣的生存环境。

贪婪的熊

虾为什么总弓着身子？虾、蟹煮熟后为什么会变红？

虾常用一弓一跳的动作来逃命，当遇到危险时，虾用力弓起腰，猛地一弹，然后用尾和附肢拼命划水。

煮熟了的虾、蟹外壳中有一种颜色鲜红的色素，因此是红色的。如果把虾、蟹的红色外壳浸到一种叫作丙酮的化学药品中，这种色素会把丙酮染成美丽的橘红色，壳体也就褪色变浅了。有人从龙虾卵中把这种色素分离出来，名叫虾青素。含虾青素的动物不只是虾、蟹，许多甲壳类动物也用虾青素来装扮自己。有些小壳动物，主要含有虫青素，有一些蟹类体内含有蝶红素。这些色素，包括虾青素在内，都和胡萝卜素有类似的结构，它们大量而广泛地分布在自然界中。酮类胡萝卜素是"虾兵蟹将"这类动物所含色素的主要成分。

活着的甲壳类动物的体色，由于种类不同、环境的差异而有所不同，但是不论活着的"虾兵蟹将"是什么体色，只要把它用甲醛浸泡或者加热，都同样会变成红色。这是因为生物体内的色素蛋白质在受热的时候发生变性，原来同蛋白质结合在一起的色素"逃"了出来，才显露出红色。

⬆ 煮熟的虾，身体会变成红色，表示可以食用了。

⬆ 螃蟹有五对胸足，四对用来步足，另一对用来抓食物和反击天敌。

关于螃蟹……

螃蟹大多横行，这在动物类群中是独一无二的。螃蟹的头胸部两侧具有五对胸足，除第一对为螯足外，其余四对为步足。由于步足的关节只能左右移动，所以只得靠一侧步足侧向推进，另一侧步足趴地而横行了。

蚂蚁是怎样分工的?

蚂蚁喜爱群居生活，并有细致的分工，主要分为蚁后、雄蚁和工蚁三个等级。在这个群体中，分工非常明确，各品级间配合默契，协调一致。一窝蚂蚁中有一只蚁后，是群体中体形最大的，主要职能是产卵、繁殖后代。

蚂蚁是群居性生活的动物

雄蚁的主要职能是与蚁后交配，但交配后不久便死亡。工蚁的体形最小，没有生殖能力，它们的主要职责是负责筑巢、觅食、抚养幼蚁、喂养蚁后和清洁等。每个蚁穴的蚂蚁身上都有自己独特的气味，每个蚁穴的门口都有卫兵把守。

蚂蚁的食性较复杂，较低等的为肉食性或多食性，较高等的为植食性。

蚂蚁是社会性昆虫，如果将它们单独分开，它们是没有办法生存的。同时，蚂蚁还属于长寿昆虫，一般工蚁寿命可达 5 年，蚁后最多可达 30 年。

蚂蚁中的工蚁负责寻找食物、修筑蚁穴和抵御外来者入侵，同一个蚁穴的所有蚂蚁，都是由同一只蚁后繁殖而来的。

蚁后控制性别

通过巧妙地利用精子，蚁后可以控制蛋的性别和蚂蚁的等级(蚁后、雄蚁和工蚁)。蚁后身体里有一大卵，足够它一生所需。它挑选合适的伴侣，与好几只雄蚁交配，从而给卵提供良好的遗传材料。那些授精的卵会产生新蚁，没有受精的卵成为雄蚁或工蚁。

通过授精和不授精两种方式，蚁后可以控制蚂蚁的性别。雌蚁是从受过精的卵里孵出来的，而雄蚁则是从未受过精的卵里孵出来的。

蚁后在产卵时，就可以控制未来蚂蚁的性别和它们未来的等级。

一颗蛋能孵出两只鸡吗?
鸡蛋的哪一面更结实?

⬆ 小鸡在蛋壳中生长

如果看看你周围有多少双胞胎的话,就应该想到这种情况是有可能出现的,但很少。这颗蛋往往会是一颗双黄蛋,孵出的孪生小鸡都很小,实际上,两只小鸡都会丧命。这是因为一颗蛋实在太小,而且让小鸡生长的养料并不多,无法供养两只小鸡,所以很少有双胞鸡出现。

至于第二个问题,我的回答是:可以肯定地说,包括鸡蛋在内的所有鸟蛋,它们的两头比中间的任何一面都要结实,这是因为蛋壳在这里的结构更稳定。刚孵出的小鸡出壳时,都是先将中间的壳啄破,就是因为这里的蛋壳比较软。蛋的两头好比两个微型圆顶,它们将重量和压力均匀地分布到整个蛋内,以此来将压力降低到最小化,整个蛋才会如此坚硬。

⬆ 10天后蛋壳内的小鸡胚胎

⬆ 长大后破壳而出的小鸡

⬆ 鸡蛋的两头比中间的任何一面都要结实。

关于母鸡孵小鸡……
母鸡在孵化期内会把鸡蛋看成熟睡的小宝宝,不论是刮风下雨,还是电闪雷鸣,它都寸步不离地伏在蛋上面。20 ~ 21 天后,一只只毛茸茸的小鸡破壳而出了。初出壳的雏鸡,体温比成年鸡低 3℃,要等到 10 天后才能达到正常体温。

哪些动物需要冬眠?

黄鼠体型中等,外表略似家鼠,前爪锐利,中指尤其发达,是挖洞穴的有利工具。

冬眠是动物休眠的一种形式,对一些动物来说,睡大觉是最好的过冬方式。动物冬眠一般从11月开始,直到第二年的三四月份,冬眠期间有一些动物每隔一段时间醒来一次,寻找食物,排泄大小便,这叫休眠周期。但熊是个例外,它在冬眠期间从不排泄。有的动物进入冬眠的时间很短,只要几个小时就可以进入状态,旱獭就是其一;有的动物则需要几天的时间才能逐步入眠,如黄鼠。

冬眠的动物大致可以分为两类,一类是两栖类、爬行类动物。蛙、蛇、龟等两栖类和爬行类动物是变温动物,天气一冷,它们就不食不动,进入冬眠状态。

另一类是哺乳类动物。大部分冬眠的动物在冬眠期间都要消耗体内预先储存好的脂肪,当外界气温下降时,它们的体温也随之降低。并且,它们的呼吸减慢,一次呼吸最长达10分钟,以减少脉搏和呼吸次数的方式来节约能源。

蛇是一种冷血动物,当环境温度低于某个数值时,蛇就会被冻僵,被迫进入休眠状态。

棕熊

棕熊是陆地上生存的大型动物,性情孤僻,虽然看上去笨手笨脚,走起路来摇摇晃晃的,实际上灵敏异常。棕熊的胃口很大,对食物也不挑剔,无论是植物还是动物,几乎样样都吃。春天,它们吃蛋、鼠类,甚至动物的尸体;秋天,它们喜欢吃水果和浆果,树根和树叶则是它们全年都吃的。

生活在北方寒冷森林中的棕熊有冬眠的习性,它们是睡在洞穴里过冬的。不过,这是一种沉睡,一旦受到惊扰,便会醒来。

棕熊看上去虽然笨手笨脚的,实际上,它的反应非常灵敏。

吸血蝙蝠是怎样吸血的?

世界上有许多关于"吸血鬼"的传说,但在美洲的一些地方这确是事实。这里生存着一些吸血蝙蝠,它们以吸其他动物的血液为生,是真正的"吸血鬼"。

吸血蝙蝠总是很小心地飞到袭击对象跟前,在天空盘旋观察,寻找下手机会。它的对象往往是熟睡者,受害者的裸露部分是它下嘴的地方。每次吸血时间大约 10 分钟,最长可达 40 分钟,最多可吸血 200 克,相当于它体重的一倍。另外,它也是狂犬病等传染病的传播者。

⬆ 吸血蝙蝠的相貌看起来非常丑恶,鼻部顶端有一个呈"U"字形沟的肉垫,犬齿长而尖锐,上门齿很发达,可以刺穿其他动物的突出部位,饱食一顿。

◀ 吸血蝙蝠

吸血蝙蝠

并不是所有的蚊子都要靠吸血为生的,只有雌蚊子在要产卵时才会吸血,以满足自身的营养需要。所以说蚊子并不是靠吸血为生的。但是真正靠吸血为生的动物有吗?答案是:有。而且也的确只有一种,它和我们一样,同属哺乳动物,但是它会飞。你猜到了吗?它就是吸血蝙蝠。

⬆ 飞行时,蝙蝠靠自身发出和回收的超声波来定位。

我想知道全世界有多少动物，最多的宠物是什么？

据调查，在美国有27%的家庭养了宠物猫。

在美国，最普遍的宠物是狗。有人曾在1996年做过一次调查，发现31%的家庭养了宠物狗。这次调查中还发现有27%的家庭养了宠物猫。

正在找寻食物的狗

美国目前流行一种叫作迷你牛的宠物，迷你牛比普通牛体形小很多，性情温顺，更适合小农场主饲养，既可以靠它挤奶、产肉，也可以把它当成一种宠物养着玩。

科学家们记录的现存生物种类有200万之多，保守点猜测的话，还有300万种生物没有获得鉴定。在这200万种已经确认的生物里面，其中有多达130万属于动物，不过，我还是无法告诉你，每一种动物的总数是多少，因为动物总数时刻在改变。

关于狗的鼻子……

狗喜欢在地上嗅来嗅去，一是为了寻找食物，即使它们并不饿，也会这么做。因为它们是在嗅有没有其他的狗在这里撒尿，如果有就表示这块地盘已经被别的狗占领了。如果它们发现这个地盘的主人没有自己力气大，它就会去抢占"地盘"。

狮子和老虎是猫科动物吗？

↑ 非洲狮

　　猫科动物一共分为4大类：猫、老虎、狮子、豹子，37个分支。现代大型猫科动物有狮、虎、豹等。

　　猫科动物都具有独特的生物特征，它们双眼有极佳的辨识力，不受黑夜限制；奔跑速度惊人，牙齿的构造非常特殊。这些特征让它们能够进行完美的猎杀行动。在居住上猫科动物又分为群居型、半群居型和独居型。猫科动物生性多疑，并且具有极强的攻击性、侵略性，是陆地上的猛兽。

　　狮子是猫科动物之王，是猫科动物中唯一有社群组织的种类，成年雄狮体重达225千克，身长达3米。

　　猫的寿命有12年～17年，一般长毛猫的寿命比短毛猫的稍长。养在室内的猫比养在野外的寿命长，公猫比母猫的寿命长。野生老虎的寿命为20岁，圈养的老虎寿命在20岁～30岁。狮子寿命平均13岁，猎豹的寿命在20年以上，金钱豹寿命为20年～30年。

关于狮子和老虎……

　　狮、虎不相上下。在个头上，狮、虎都是大型食肉猛兽，总的来说狮体型略大，但虎中也有些个体的体形比狮大。在形态上，狮、虎都是强大、威武、凶猛的。老虎会吃人，狮子也会吃人。在狮、虎的栖息范围里，双方几乎都无自然敌害，所以有"虎是森林之王"和"狮子是第一号强者"之说。因而，许多人认为，老虎与狮子在各方面都势均力敌，可谓森林与草原的两大霸主。

↑ 老虎

科学家们能像电影《侏罗纪公园》里那样造出恐龙吗?

↑ 剑龙的化石

↑ 琥珀里包裹着的昆虫

↑ 恐龙蛋化石,这是那些未来得及孵化出来的恐龙卵石化后形成的。

恐龙曾是地球上无可争议的主人,它们统治地球长达 1.6 亿年时间。大约 6500 万年前,恐龙同其他数不胜数的动、植物一起灭绝了。

在电影《侏罗纪公园》中,科学家们从史前琥珀里找到了远古蚊子,并从蚊子身上提取恐龙血液,然后用计算机对血液中的 DNA 进行分析。DNA 是一个很长的序列,由存在于一切生物细胞里的四种分子链成。这些分子的排列顺序是一个遗传密码。由于恐龙的 DNA 上有一截断裂带,于是科学家们用青蛙的 DNA 进行填充修补,并利用 DNA 克隆技术,让消失已久的恐龙重新在一个虚拟的地球岛屿上奔跑。

尽管在电影里这一切显得非常真实,但其实是完全不可能办到的事情。首先,DNA 链条太长了,不可能用现有动物的 DNA 修补;其次,DNA 保存时间有限,过了这个期限,DNA 结构会破坏,难以读取。因此,修复一亿年前的 DNA 链条是根本不可能的事。

↑ 蜥蜴目是现代爬行动物种类中最大的一类。它们多数生活在草丛、灌木林、沙地、土地上,极少在树上。

爬行动物时代

在两亿多年前的中生代,大量的爬行动物在陆地上生活,因此中生代又被称为"爬行动物时代"。它们不断地分化成各种不同种类的爬行动物,有的变成了今天的龟类,有的变成了鳄类,有的变成了蛇类和蜥蜴类,其中还有一类演变成今天遍及世界的哺乳动物。恐龙是所有爬行动物中体格最大的一类,在地球上统治了几千万年的时间,但不知什么原因它们突然灭绝了。

动物妈妈如何照顾它们的小宝宝？

由于刚出生的小动物都很脆弱，没有抵抗其他动物侵犯的能力，动物妈妈除了哺乳和喂食它们以外，还要教它们如何躲避敌害和觅食。这样，宝宝长大后才能生存下去。

小狮子刚出生时吃妈妈的奶，断奶后就开始吃捕捉回的猎物——食草动物的内脏，它们含有丰富的养料，例如没有完全消化的草、维生素和其他成分等，这些养料对小狮子的健康起很重要的作用。

大鸽子嗉囊能分泌出一种鸽乳，富有营养。孵化后的雏鸽处于闭目状态下，一开始自己不能摄取食物，必须从父母亲嘴里得到富含蛋白质和脂肪等高营养的鸽乳。父母亲从就巢后的第 14 日开始分泌鸽乳，直到孵化雏鸽后第 25 日。刚出生的小鸽子把嘴伸进爸爸妈妈的喉咙里吸食鸽乳，一天天长大。随着雏鸽的生长发育，父母亲把自己摄取的食物在嗉囊内与鸽乳混合后再饲喂仔鸽。

大牛给小牛喂奶

犀牛有一位忠实的"小朋友"——犀牛鸟。这些小鸟经常站在它们身上，啄食犀牛身上的寄生虫，还能帮助犀牛免遭敌害。

为什么说犀牛鸟是犀牛的好朋友?

犀牛鸟是一种黑色的小鸟，大小和画眉差不多，它们的猎食场所就在犀牛背上。犀牛脾气暴躁，蛮横凶猛，连狮子和大象都要惧它三分，但是却和犀牛鸟相处得非常和谐，感情深厚。它们是怎样交上朋友的呢?

原来，犀牛的皮肤虽然坚厚，可是皮肤皱褶之间却又嫩又薄，一些体外寄生虫和吸血的蚊虫便趁虚而入，从这里把它们的口器刺进去，吸食犀牛的血液。犀牛又痒又痛，除了往自己身上涂泥浆能多少防御一点这些昆虫叮咬之外，再没有别的好办法了。而犀牛鸟正是捕虫的好手，它们成群地落在犀牛背上，不断地啄食着那些企图吸犀牛血的害虫。犀牛浑身舒服，自然很欢迎这些会飞的小伙伴来帮忙。

除了帮助犀牛驱虫外，犀牛鸟对犀牛还有一种特别的贡献。犀牛虽然嗅觉和听觉很灵，可视觉很差，是著名的近视眼。如果有敌人悄悄地前来偷袭，它就很难察觉到，这时候，它忠实的朋友犀牛鸟就会飞上飞下，叫个不停，提醒它注意，犀牛就会意识到危险来临，及时采取防范措施。

关于犀牛……

犀牛是陆地上仅次于大象的庞大哺乳动物。它的体重约两吨半，身高两米多，鼻端长角，一些种类为独角，另一些为双角。犀牛睡觉的姿势很特殊，它们有时卧倒，有时站着入睡。它们激动时会发出"嗯嗯哼哼"的鼻音和尖叫声。犀牛生活在亚洲和非洲的热带草原或密林中，以植物为食。

为什么蚯蚓断成两截后还能再生？

↑蚯蚓是一种原始的无脊椎动物

蚯蚓是一种相对来说比较简单的生物体，它的生活很简单，在土里蠕动，以腐烂的有机物为食。同样，蚯蚓的消化系统、循环系统、神经系统也相对比较简单。

蚯蚓的身体是由许多体节组成的，它的身体有一种神奇的本领，就是可以再生。如果蚯蚓的身体某一些部位被破坏了，这部分就会重新长出来。当蚯蚓被切成两段时，在伤口断面上的肌肉组织立即收缩，一部分肌肉迅速溶解，形成新的细胞团，同时分泌出一种黄色的带有黏性的物质把伤口包裹起来，所以蚯蚓又能再活下来。不仅如此，原来的一条蚯蚓变成了两条蚯蚓。

蚯蚓的再生能力并不是无限制的，结构较为简单的器官切掉后可以再长出，而结构较为复杂的器官切掉后就很难再长出，例如心脏、砂囊、生殖器官等重要器官被切掉后，蚯蚓就不能存活了。

关于蚯蚓……

蚯蚓对我们来说是那么熟悉和普通，以至于我们都快要忽略它们的重要性了。它们不断地在土里掘洞，使空气循环流通，也使雨水可以适量排走。如果没有蚯蚓，泥土很快就会变得坚硬，毫无生命力。蚯蚓没有眼睛和耳朵，但它们的身体对于震动非常敏感。当感觉到敌人的行动时，比如说一只鼹鼠在附近挖土，它们常会逃往地表。

▶蚯蚓的身体细长柔软，是一种靠肌肉蠕动前进的动物。

▶蚯蚓虽然小，可再生能力却是很强的哦。

蚯蚓

环节动物是身体由许多体节组成的一类动物，大多数生活在海水、淡水和土壤中，少数属于寄生生活。常见的环节动物有蚯蚓、蚂蟥、沙蚕等。

目前世界上已查明的蚯蚓有2000多种，有红棕、紫绿等许多颜色，个体差异也很大，最长的蚯蚓长达1米，最小的只有几厘米。蚯蚓生活在土壤中，长期的穴居生活使它们习惯于在黑暗中行动。蚯蚓的身体细长柔软，全身由许多相似的体节组成，是一种靠蠕动前进的动物。它们钻土前行，在头部的一端吃进泥土，把土粒中的营养物消化掉。泥土中未被消化的剩余物从蚯蚓的后端排出，成为排泄物。它们白天栖息在土壤中，夜晚出来活动觅食，以腐烂的落叶、枯草、蔬菜碎屑、作物秸秆、禽畜粪、瓜果皮等为食。

↑ 绿头鸭是大多数家鸭的祖先

鸟停在电线上为什么不会被电到?

关于鸭子……

　　鸭子大部分的时间都生活在水中,是游泳能手。它们生性胆怯,喜欢群居,数量众多的鸭子组成一个幸福的大家庭,这样有助于防范敌人,另外也增加了它们在繁殖季节找到伴侣的机会。鸭子的腿脚比较短,身子前重后轻。如果它们想在走路时保持身体平衡,就得抬起头,挺起胸,一摇一摆地蹒跚而行。

↑ 鸭子走起路来一摇一摆

　　电流经过身体会造成电击。鸟没有遭到电击,那是因为没有电流通过它的身体,这有两个原因。第一,鸟体内电阻很大,所以电流无法通过。第二,更重要的是,若想让电流通过鸟的身体,必须构成一个完整的回路。由于鸟只是停在一根电线上,而这根电线又没有足够的电压通过鸟的身体,构成回路,因此鸟不会遭到电击。但如果鸟踏在电线的同时,还和地面或者通过别的物体与地面相连,那么它无疑会遭到致命的电击。

↑ 停在电线上的鸟

不怕冷水的鸭子

　　初冬,湖水和溪水全面结冰之前,鸭子欢快地凫水,尽管此时水温低于3℃。如果人在这个时候下水游泳,体内热量就会从皮肤传递到水中,他的体温就会下降,因此感觉到冷。而鸭子能在水里游泳又不受冻是因为它们有羽毛保暖,脚上有绝热的皮。这些都可以阻止鸭子的体热向外散失,因此它可以在冬天凫水。

↑ 鸭子不怕寒冷的水

热带鱼为什么大部分都是扁的,而且体色非常鲜艳?

热带鱼体形侧扁、体色鲜艳的原因大多与环境的适应有关。一般来说，鱼的颜色或体形都是为了生存，每种鱼的身体都有一定的颜色,它们的颜色几乎都是为了保护自己。热带鱼也不例外,它们那光彩夺目的颜色也是与它们的生活环境相统一的,这样它们捕食和逃避敌害就容易多了。

多种颜色搭配是为了配合身体底色,会有类似"迷彩"的效果,从而隐藏自己;有些鱼颜色鲜艳夺目,这表明它具有一定的防御器官,如毒刺、毒液等,吓唬敌人,因为亮丽的体色可起警戒作用,暗示掠食者自己"有毒"(尽管不一定真的有毒)。许多热带鱼配合珊瑚或海藻的颜色演化,珊瑚、海藻的颜色鲜艳,因此,热带鱼的体色也倾向于鲜艳的颜色。热带海洋里有许多绚丽多彩的珊瑚礁,为了躲避敌人的侵害,热带鱼把自己打扮得花花绿绿,一旦敌人来了,就赶紧隐蔽到珊瑚里,这样就不容易被敌人发现。鲜艳的色彩是它们最好的伪装。

⬆ 身体很扁的蝴蝶鱼

⬆ 七彩神仙鱼也是一种热带鱼

⬆ 蝴蝶鱼俗称热带鱼,是近海暖水性小型珊瑚礁鱼类,最大的可超过30厘米,如细纹蝴蝶鱼。

关于热带鱼……

热带鱼分为热带淡水鱼和热带海水鱼。热带海水鱼主要来自印度洋、太平洋中的珊瑚礁水域,体表色彩丰富,变化多端;热带淡水观赏鱼主要来自热带和亚热带地区的河流、湖泊中,它们的体色五彩斑斓,非常美丽。

射水鱼的视力极佳,嘴比一般的鱼要长,口腔内有独特喷水管道的生理结构,这种独特的生理构造使喷水鱼的嘴能够喷射水柱,击落从水面飞过的昆虫。

什么鱼捕食昆虫的时候会用喷射"水枪"?

那是射水鱼。射水鱼大部分分布于从印度到东南亚的海岸、马来西亚群岛、澳大利亚部分地区、菲律宾群岛,主要生活于红树林沼泽的咸水中。

成年射水鱼通常以虫、虾及其他小型水生动物为食,可一旦射水鱼饿得厉害,就会喷出水柱,朝趴在树叶上的昆虫"开火"。如果一击不中,射水鱼会再度像机关枪一样"开火"。强有力的水柱将昆虫击落水面,成为射水鱼的美食,它甚至可以击落1.8米以外的昆虫。

关于喷水鱼……

喷水鱼的食物包括虫子、小虾和其他小动物。它们靠喷出水柱的方式来捕捉水上昆虫,喷水射程为1.5米,是身体的25倍。它们的视力很好,看见猎物时,会用舌头将水喷出去,样子看起来很像孩子们玩的水枪,而不像箭。

喷水鱼非常聪明,它们通常不会对太大的猎物"开枪",因为即使捕捉到了,也没法把它们吃下去。

⬅ 聪明的射水鱼在射水之前,都会在心里计算一下虫子的大小。它们才不会在大猎物身上浪费时间呢。

青蛙没有外耳，它是怎样听到声音的?

↑ 青蛙吃虫

　　我们长着耳朵，声音传入耳朵，引起耳鼓膜振动，于是就听到声音。青蛙虽然没有外耳，但它们有类似的耳鼓膜和内耳，一些青蛙还有中耳。依靠这些器官和肺，青蛙同样可以听到声音。

　　如果青蛙蹲在距噪音不远处，噪音将引起耳鼓膜振动，同时，它的肺也开始振动。相对而言，青蛙的肺对声音的敏感性仅比耳鼓膜略差一点而已。青蛙的肺可以调节内部和外部耳鼓膜之间的压力，使之均衡，来保护内耳和中耳。

↑ 青蛙不仅有着特别的视力，而且还有较好的听力，这只青蛙在专心听身边的声音。

　　很多鱼也是这样，通过类似肺的空气泡来接收声音。声音传入水下，经过空气泡，引起气囊振动，继而令鱼的内耳发生振动，刺激内耳的感觉细胞，经过听神经传至脑，产生听觉反应。

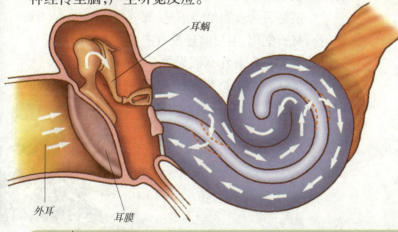

耳蜗

外耳　　耳膜

关于青蛙……

　　青蛙是捕捉害虫的能手。稻螟、稻蝗、蝗虫、菜花虫、苍蝇、天牛、灯蛾、百脚虫等都是它们捕食的对象。一只青蛙一天捕食的害虫，少则五六十只，多则200只。

青蛙

　　青蛙的眼睛十分奇特，它对动的东西反应很灵敏，对不动的东西却十分迟钝，当苍蝇、蛾子不动的时候，青蛙对它们全然不见，然而，只要飞虫从眼前飞过，青蛙就会立即发现它，并根据它的飞行方向和速度，一跃而起捕食到口。所以，尽管青蛙很喜欢吃苍蝇，可如果让它坐在一堆死苍蝇上面，它极有可能会饿死。

➡ 青蛙虽然没有外耳，但却有耳鼓膜和内耳，因此，青蛙也可以听到声音。

旅鼠会自杀吗?

旅鼠不会集体自杀,但直到目前为止,还没有人知道旅鼠数量为什么会发生如此大幅度的波动。在北极地区,同一个时期内旅鼠的数量常常不是过高就是过低。

也许是旅鼠在清除病弱的同类。旅鼠数量暴跌的时候,几乎到了灭绝的边缘。但最强壮的旅鼠能够适应北极地区环境的快速变化,因此得以生存下来,延续后代。

是因为食肉动物过度捕食旅鼠吗? 不是这样的,相反,旅鼠控制着食肉动物的数量。旅鼠消失的时候,食肉动物的数量也随之下降,而当旅鼠数量增加时,食肉动物也相应增多。

那么,是旅鼠感染了流行病吗? 也不是这样,事实上旅鼠数量下降的时候并没有出现过流行病。

难道是因为食物供应不足,部分旅鼠饿死了? 食物的确有所变化,但目前还没有能证实食物的匮乏与旅鼠的死亡存在着什么因果关系。

旅鼠这种小生物非常好斗,当种群数量大增,压力过重,它们会自相残杀。

关于旅鼠……

每隔三四年,会有一大群旅鼠下海游泳,之后海面上密布着旅鼠的尸体。对此,有人称旅鼠在"集体自杀"。科学家们认为也有可能是旅鼠在涉水的时候因精疲力竭导致死亡,水流恰好把它们的尸体冲到岸上,从而造成旅鼠集体自杀的假象。

旅鼠为什么要集体迁徙？

旅鼠是北极分布最广的食草动物，比普通老鼠要小一些，最大可长到 15 厘米。旅鼠是北极所有动物中繁殖能力最强的，种群数量增长迅猛，几年内就会发生数量"爆炸"，为原种群的 100 倍～1000 倍！数量的激增造成了食物匮乏，活动空间不足，为了解决这个问题，旅鼠不得不集体迁徙，在迁徙的途中，会有大量旅鼠死亡，由此减少了生存旅鼠的压力。

⬆ 旅鼠的天敌很多，像猫头鹰、贼鸥、雪鸮、北极狐、北极熊等均以旅鼠为食。一对雪鸮和它们的子女一天就可吃掉 100 只旅鼠。

在平常的年份，旅鼠只进行少量繁殖，使种群数量稍有增加，甚至保持不变。只有到了丰年，当气候适宜、食物充足的时候，才会齐心协力地大量繁殖，使其数量急剧增加。可是一旦达到一定密度，社群压力增大，旅鼠便会变得焦躁不安，神经高度紧张。

旅鼠的食量惊人，一顿可吃下相当于自身重量两倍的食物，一只旅鼠一年能够吃掉 45 千克的食物。

↑ 贼鸥是海鸟中最著名的偷猎者，被称为南极之鹰。

为什么青蛙不在寒冷的地区生活,例如南极大陆?

有些青蛙也能够生活在寒冷的地方。北极圈北部就有东林蛙,它们每年都在那里过冬,并且成功地躲过冰冻期,活了下来。

冰冻期到来时,青蛙身体会被冻住,只有体内的细胞还在缓慢的活动。这时,青蛙将大量的抗冻葡萄糖输入细胞,并渐渐停止呼吸,心脏不再跳动,大脑也停止了活动,但它的细胞一直在运动。

凭借这种办法,青蛙可以挺过两三个最寒冷的月份。春天来临时,极地逐渐温暖起来,青蛙的身体也开始解冻。不到两个小时,青蛙又像夏天的时候一样,活蹦乱跳开了。

南极大陆没有青蛙是有原因的。首先,那里没地方住,没食物吃;其次,南极的确太冷了,即使到了夏天也冷得够呛。更糟的是,它们随时可能遭遇贼鸥的袭击。

← 箭毒蛙是一种生活在热带的有毒蛙类动物,它们只能生活在气温较高的地方,像南极那样寒冷的地方,它们在那里一分钟也待不下去。

箭毒蛙

大自然中有很多动物是靠保护色逃避天敌的,箭毒蛙的生存对策恰恰相反。箭毒蛙是一种生活在南美洲热带丛林中的两栖动物,它的体色非常艳丽,能从皮肤腺里分泌出剧毒,任何食肉动物如果不小心中了这种毒,都会立刻毙命。因此,鲜艳的颜色和花纹成了恐吓天敌的信号,箭毒蛙家族就是凭借警戒色和毒腺避免杀身之祸,并能存活至今的。

"倚仗"自己的毒性,箭毒蛙在白天也敢出来活动,因此许多捕食者都不敢对这个色彩鲜艳的小蛙轻举妄动。

尽管箭毒蛙的毒性如此猛烈,在人类眼里,它的毒素成为可以利用的材料。当地的印第安人在很久以前就知道把箭毒蛙的毒液涂抹在箭尖上,用来猎杀其他动物。因此箭毒蛙的数量并不多,甚至到了要灭绝的边缘。

为什么昆虫不能够长得和大象一样大？

首先，无论是身体柔软的毛毛虫，还是有着坚硬甲壳的甲虫，或是会飞的蝴蝶，都无法支撑变大后的躯体。对甲虫来说，如果变得和大象一样大，它的盔甲重量就会超过腿的支撑能力，无法动弹。而对毛毛虫来说，情况更加糟糕，它们的外皮无法包裹自己胖乎乎的身体，结果就是身体四分五裂。

而对蝴蝶来说，它们的翅膀根本不能承受这样的重量，只能趴在地上，飞不起来。

其次，昆虫只有一个单呼吸器官，这个器官对于昆虫目前的大小来说，是非常合适的。但是昆虫如果长得跟大象一样大，这个单呼吸器官就无法满足庞大的身体对氧气的需求，身体产生的二氧化碳也无法排出，其结果就是，这个长得跟大象一样大的怪虫只能窒息而死。

蜻蜓飞行时的前后翅膀是分开的，所以它可以随意改变方向。

关于昆虫分类……

昆虫分为两大类：会飞的和不会飞的。

不会飞的昆虫没有翅膀，比如蛀虫。会飞的昆虫长有翅膀，比如蜻蜓、蝴蝶等。许多人认为蜘蛛也是昆虫，其实不是，蜘蛛属于蛛形纲，是和昆虫纲并列的一类动物。

瓢虫的身体小小的，圆圆的，甲壳红红的，上面还有许多小黑点。

↑ 螳螂

↑ 蝴蝶的幼虫阶段

↑ 变态后的蝴蝶

昆虫能够呼吸吗？它们有没有肺？

所有的昆虫都和我们一样，离开空气都活不了，它们也要呼吸。昆虫没有肺，它有一个通气孔和身体内部连接，身体所需的氧气从这个通气孔进入，排除的废气从这些气孔放出。昆虫的呼吸周期可快到每秒一次，在呼吸期间，昆虫与外界的气体交换约有50%是通过气管进行的，与人进行适量运动的效果相当。另外，昆虫即使看起来是在静止休息时，也能通过肌肉运动控制气管系统收缩，帮助氧气扩散进入组织细胞。因此，如果你把一只蝗虫的脑袋放入水中，它是不会被淹死的，因为它是靠身体两侧的气孔呼吸的，而不是靠嘴巴。

昆虫可以自动调节气孔的开放和关闭，以维持体内氧气平衡。在氧气含量正常的环境中，它会关闭气孔，阻止过多氧气进入身体；在氧气含量较低时，昆虫就会将通气孔开放的时间延长，关闭的时间缩短。这说明，昆虫能积极地对氧气含量的多少做出反应。

↑ 蜜蜂也是昆虫

关于昆虫……

昆虫是动物世界里种类及数量最多的一群，已知种类大约有一百万种左右，占动物的80%以上。昆虫对于地球生态平衡有着很大的影响，如果没有昆虫，人类、很多鱼类、鸟类和哺乳类动物等将随之灭绝，同时大部分植物也会消失，到最后，地球将变成一片荒凉的不毛之地。

↓ 蝗虫可以靠身体两侧的气孔呼吸。

为什么每种昆虫都不一样?

标准答案是"进化"。

生存环境是一个原因,只有不断适应环境,经历自然选择,动物才能生存下来。一旦生存环境发生变化,能适应这种变化的动物才能生存下来,这一般需要动物发生变化,这个过程就是动物的进化。在进化中,动物的外形会发生改变,习性也会有所变化。

另一个原因是,在适应环境的过程中,动物们都经历过特殊的改变。如果同一类动物分别生存于不同的环境里,由于供应的食物发生了变化,动物自身就不得不去适应这些变化,因而逐渐产生了差别。

和人相比,昆虫要小得多,而且昆虫的生命周期有时仅仅几个星期而已,因此昆虫的进化速度要快得多,因此昆虫种类多,而且在体型和生活习性上都会有区别。

🠗 昆虫不仅身体外形不相同,而且甚至是捕食者或被捕食的目标。

瓢虫

关于进化……

现代进化论认为生物可以变异和遗传。例如同一窝里孵出来的小鸟,各有细微的不同。从卵中孵化出来的毛毛虫也是这样。马如果生活在养料缺乏、食料粗杂的山上,身材会变得矮小。把绵羊养在热带地方,数代以后,身上的毛就生得稀薄。这些变异都是和生活环境的变化有关系的。

为什么苍蝇到了冬天会死，而蛆和蛹则能安然过冬？

↑ 蛹壳可以保护昆虫的幼虫，让它们度过寒冷的季节，或者安全地发育为成虫。

不管处在哪一个生命阶段（蛆、蛹、成虫），苍蝇都能适应它的生存环境，天气一冷，苍蝇也感到冷。冬天结冰的时候，苍蝇就有可能被冻死。

身体有向外突出的东西容易受冻，蛆和蛹在这方面就很有优势了，它们既没有腿，也没有翅，甚至连眼睛、触角都没有。因此，蛆和蛹比苍蝇更能忍受寒冷的冬季。

蛆还有一个优势：它有一个温暖的"家"。在户外过冬的苍蝇必须找到一处裂缝来挡风，这个裂缝除了遮风挡雨之外，没有其他好处。而蛆则可以在粪堆底下晒太阳，享受温暖的阳光。

粪堆里有一种有氧细菌，以粪便为食，并分解粪便，在此过程中释放热量。因此，粪堆便成了蛆的"火炉"。有了这个"大火炉"，过冬就不成问题了。

另外，有些苍蝇（特别是蛆）能够适应严寒的天气，它们的体内能够产生一种"防冻剂"，以使血液和身体组织不致受冻。

↑ 苍蝇

关于苍蝇……

夏天的时候，天气很温暖，而且食物充足，苍蝇能活 7 ～ 21 天。冬天天气冷，也没有食物，所以有一大部分苍蝇就被冻死了。而小部分存活下来的苍蝇，它们会寻找库房或温暖的地方藏起来，并且还能繁殖后代。能够越冬的苍蝇是极少数的。

→ 有些苍蝇（特别是蛆）能够适应严寒的天气，在体内产生一种"防冻剂"，使血液和身体组织不受冻。

世界上有多少种濒危物种？
它们为什么会濒临灭绝？

在 2006 年，国际保护自然资源联盟认为全世界有 16118 种物种的生存受到威胁，其中有 7725 种动物、8390 种植物和 3 种苔藓菌类。这些生物之所以会成为濒危物种，与人类有很大关系。

↑ 产于非洲东部和南部的白氏斑马已经永远地从地球上消失了

↑ 藏羚羊

其中，最主要的一个原因是栖息地的破坏与丧失。随着人口的增长，人类需要更多的土地来种粮、盖房、开路……而人口稠密的地区对任何物种来说都不是个好栖息地。

还有一个原因是，人类带来了外来入侵者。例如，夏威夷本土只有蝙蝠和海豹两种哺乳动物，然而，随着殖民者的到来，老鼠、猪、猫鼬和别的物种都被带到夏威夷，这些外来动物吃掉本地植物，毁灭本地鸟类。

另外一些物种之所以濒临灭绝，是因为人类猎捕它们，比如大象的象牙可以雕刻成工艺品，于是大象被大量捕杀，以获取牙齿。有一些则是被当做危及家畜的祸患而捕杀。

↑ 渡渡鸟曾经是最大的不会飞的鸟之一，它们现在已经灭绝了。

关于海豚……

二十多年前，亚马孙河海豚被认为是一种较安全的物种，然而现在由于其生活环境被加速破坏，亚马孙河海豚已被视为濒危物种，目前该种群估计尚存几万只。

↑ 活泼好动的小猞猁

你能告诉我名列前 10 名的濒危物种的名称吗?

国际自然资源保护联盟公布了 10 种濒危物种的名单。它们分别是菲律宾鹰、伊比利亚猞猁、中国扬子鳄、西藏羚羊、毛里求斯红花灌木、黑海和里海的

↑ 菲律宾鹰

鲟、尼日利亚和喀麦隆边境的低地大猩猩、日本小笠原群岛的狐蝠、南亚的箱龟和新西兰独有的赫克特海豚。

从广义上讲,濒危动物泛指珍贵、濒危或稀有的野生动物。一般来说,所有由于各种原因的影响,而有灭绝危险的野生动物物种,就被叫做濒危动物,像雪豹和大熊猫。

有时候,濒危动物也有国界之分,在一些国家或地区视为濒危物种的野生动物,在另外一些国家或地区可能并不被视为濒危动物。一些种类的濒危动物在得到了有效保护、其野生种群数量明显上升、不再有灭绝危险时,就会退出濒危动物的行列。

关于菲律宾鹰……

菲律宾鹰是菲律宾的"国鸟",有"最高贵的飞翔者"的美誉,目前菲律宾仅存不到 500 对菲律宾鹰,主要集中在雨林中。

由于人类的肆意捕杀以及开垦土地造成森林急剧减少,菲律宾鹰如今已濒临灭绝。除了艰难的生存环境,菲律宾鹰异常孤独的性情也为它们的生存造成了不小的麻烦,使得它们的家族日渐减少。

↑ 大熊猫,国家一级保护动物。

鱼也有冬眠或夏眠现象吗？

⬆ 孔雀鱼体型较小，生活在热带水域。

地球上所有的动物都要活动和睡觉，如果只是不停地活动而不睡觉，就会变得虚弱，导致死亡。和人一样，鱼也天天睡觉，只是它们睡觉的时候都睁着眼睛。鱼的睡眠时间比较短，只有几分钟，甚至几秒钟，只要水轻轻地晃动，它们就醒了。鱼的大脑很小，没有神经细胞，只是一点点上皮组织，所以它们没有思考能力，不会想事情，睡觉时更不会做梦了。也有的鱼睡眠时间很长，它们会冬眠或夏眠，通常会睡上好几个月。

一般的鱼不会冬眠，只是潜入比较深的水域，活动相应少一些。但也有些鱼类要冬眠，金鱼会在 5℃ 进入冬眠状态；河里的游鱼也会冬眠，在水下一直睡到春天才醒。两栖动物中需要夏眠的，是一种奇特的鱼——肺鱼。一到夏季，肺鱼就钻进泥里，把整个身体蜷曲起来，直到尾巴弯到头部为止。肺鱼夏眠时间较长，能连续几个月不吃不喝。

关于孔雀鱼……

孔雀鱼是一种小型热带观赏鱼类，又名彩虹鱼。一般体长为 3 厘米～5 厘米，是热带鱼中最普通的种类。鱼体娇小玲珑，游动矫捷活泼，体色斑斓多彩，在绿褐色的身体上搀杂着红、橙、黄、绿、青、蓝、紫各种色彩，仿佛天上的彩虹，因而得名。

鉴别孔雀鱼的性别很容易，同龄个体中，雌性个体较雄性个体长而肥大，体色较单调，没有雄鱼身上的那种斑斓的色彩；雄鱼的体色较艳丽，看起来比雌鱼更美丽。

⬆ 金鱼

狗是色盲吗?

猫的眼睛在亮处时瞳孔会变小,在暗处则会变大,它感受光的能力比人强很多,所以猫的视力要比人的视力强很多。

　　狗在一定程度上可以说是色盲,但并不完全是。它们只是无法分辨红色与橙色,而且它们看到的颜色也不像人看到的那么明亮、清晰,这是因为它们缺少一种可感受光线的细胞。动物的视网膜中有圆锥细胞和杆状细胞,圆锥细胞只能感受强光刺激,它是颜色的感受器,而杆状细胞则对弱光敏感,也就是说在夜晚或黑暗的环境下看东西,主要依靠杆状细胞。人和猫都有三种圆锥细胞,但猫辨别红色的能力仍然比人类差。狗只有两种圆锥细胞,由于圆锥细胞少的缘故,狗眼中世界的色彩非常单调,不像人类眼中的世界那样五彩缤纷,但它们有杆状细胞,杆状细胞可以让眼睛区分明亮与黑暗。狗的杆状细胞比圆锥细胞多,所以狗在低光度环境下,仍能看清楚东西。

关于生物的感觉……

　　大部分生物没有人类这样的色觉,它们只能辨认少数几个颜色,对于它们来说,视觉并不是认识世界的主要工具,例如狗的嗅觉和听觉非常灵敏,蝙蝠可以听到超声波,蛇的舌头可以通过感知周围的热量来判别事物,鳄鱼可以通过水的震动来判断猎物的位置。

　　大多数哺乳动物是色盲,牛、羊、马、猫等,几乎不会分辨颜色,它们眼睛里的颜色只有黑、白、灰三种,比我们人类少很多。

　　田鼠、家鼠、黄鼠、花鼠、松鼠、草原犬等也不能分辨颜色。长颈鹿能分辨黄色、绿色和口黄色。鹿对灰色的识别力最强。

狗在一定程度上是色盲,它们无法区分红色和橙色,不过这并不影响狗的正常活动。

牛有四个胃室,马是不是也有四个胃室?

大部分反刍动物都有四个胃室,可以飞快地吞下食物。之后,它们在第一个胃室里反刍食物,分解青草中那些难以消化的纤维素,别的胃室则在微生物的帮助下进一步消化食物。马虽然也是以草为食的动物,但是它只有一个胃,而且很小,因为马不是像牛、麋鹿、长颈鹿、绵羊、山羊一样的反刍动物。

马虽然只有一个小胃,但它的内脏却很长,足以分解纤维素。

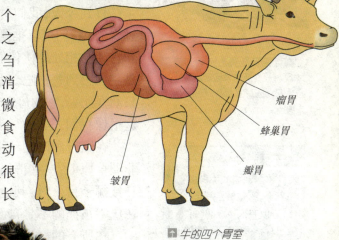

瘤胃

蜂巢胃

瓣胃

皱胃

⬆ 牛的四个胃室

➡ 马没有锁骨,这个特点可以使它迈出更大的步子,奔跑如飞。

马

马属于奇蹄类动物,至今仍然生存在地球上的奇蹄类动物有马、驴、貘和犀牛等,都是大型的食草奇蹄类动物,全世界共有大约 6 属、17 种。

雨量充沛、水草茂盛的环境培养出行动迟缓的重型马,盛产富含矿物质多汁食物的寒带地区出产大型马,植被稀疏的沙漠化地区培育了细致的轻型马,丘陵、山地和矮小植物造就出顽强的小型矮马,四季分明、地域广阔的大草原养育出结实骠悍的草原马。

马的年龄可以从它的门牙显示出来。马吃下的草都附着沙尘,因此它们的牙齿渐渐地磨损了,其磨损程度可以表明它们的年龄。

马的毛发可以调节它们的体温,马的体温必须保持在38℃,为了维持这个温度,马的毛发在冬天长得长一些,而到了夏天,则脱去长毛发。

马是站着睡觉的,这是因为在它们睡觉的时候,腿骨能够固定住。

大雁在飞行中,当一只大雁生病或受伤的时候,就会有两只大雁离开队伍去帮助和保护它,直到它死去或者重新开始飞翔才会离开。

群居动物中,有一只动物死后,其他动物会伤心吗?

直到今天,我们对动物的情感仍了解得很少,通过观测,我们可以推测它们的感觉。一只大雁死后,和它朝夕相处的伙伴们会低着头,吃得很少,这也许是它们感到悲伤吧。灵长类动物感情更明显,如果一只幼猴死去,它的母亲会抱着它很长时间,不愿放弃,这很像我们人类的行为。

在爬行和两栖动物世界,似乎没有任何感情。在非洲草原上,一些群居动物似乎没有感情,当一头斑马被狮子猎杀时,其他斑马没有任何表示,它们也许在庆幸被抓的不是自己。

在所有的群居食草动物中,大象是一个例外。如果一头大象受伤,其他大象会来照顾它;如果一头大象死了,整个象群都会十分悲哀。但是大象对丢失的同伴似乎没有感情,好像这些同伴没有存在过。

动物学家认为,能够结成友谊的动物,它的群体里一定有自己的敌人,大雁和大象是如此,我们人类也是如此。

关于群居动物……

群居动物的优势是它们不再是孤单的弱势个体,可以有很多双眼睛,很多双耳朵去发现敌人或猎物,而且有利于后代的繁殖,也因为如此,群居动物的数量也比独居动物多。但带来的问题是群居会带来疾病的快速传播。

梅花鹿

为什么在黑暗的地方猫的视力比人类的好得多?

和许多动物一样,眼里有一种叫作反光膜的特别的细胞。反光膜在视网膜后面,它的作用相当于一面镜子,可以把透过视网膜的光线反射回来,

↑ 猫的眼睛

提高视网膜的感光效率。其中一部分光线从眼睛里反射出来,因此,一到夜里,猫眼还会发亮。在光线非常模糊的房间里,由于反光膜将光线扩大了,猫的视力便比人类的好得多。另外,猫吃老鼠的时候,能够从老鼠体内摄取一种特有物质,来提高视网膜的光敏度,增加夜视能力。

猫的视力很敏锐,在光线很弱甚至漆黑的夜里也能分辨物体,而且猫也特别喜欢黑暗的环境。在白天的强光里,猫的瞳孔几乎完全闭合成一条细线,尽量减少光线的射入;而进入黑暗的环境以后,猫的瞳孔便会开得很大,尽可能地增加光线的通透量。

↑ 猫钻洞前,都要用胡子先测一下洞的大小。

关于猫……

猫眼瞳孔的放大和缩小就像照相机快门一样迅速,保证猫在快速运动时,能根据光的强弱、被视物的远近等迅速调整瞳孔,对好焦距明视物体。不仅如此,猫的瞳孔还可以正确测知猎物与自身间的距离。在暗处时,它的触须则恰似天线,可预测自己可能活动的范围。

猫的耳朵像两个雷达天线,头不动时可做180°的摆动,从而使猫对声源作精确定位。它们可在50米距离内分辨出主人的脚步声以及呼唤自己名字的声音。

↑ 在暗处,猫的瞳孔增大。

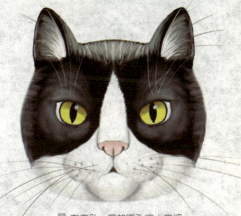

↑ 在亮处,猫的瞳孔缩小变细。

蛇的舌头是它的嗅觉器官。蛇可以利用它那伸缩自如的舌头和灵敏的助鼻器探寻和跟踪周围气体，直到再次发现猎物。

蛇没有脚,怎么能爬树呢?

其实,蛇的祖先是有四肢的,科学家发现远古蛇化石不仅有强壮的后腿,而且还有一个荐骨区域,它把后腿和脊椎骨通过关节连接起来。后来在漫长的进化过程中,蛇为了适应了新的环境,四肢逐渐退化,形成了一些新的特征,变成了现在的蛇。

那么,蛇在没有四肢的情况下,怎样运动呢? 蛇全身是鳞片,在腹面有百个以上的腹鳞,前后排列,以皮肌与肋骨相连。在脑的指挥下,肋肌进行有节奏的收缩,肋骨就前后移动,通过皮肌引起腹鳞与地面和树面产生反作用力,蛇做一连串的波状弯曲,推动蛇体前进。蛇会爬树就是这个道理。它们爬树的原因是为了上树捕鸟为食,长此以往,于是练就了爬树的本领。生活在陆地上的蛇爬树的情况较为少见。

关于毒蛇……

世界上最毒的蛇是贝尔彻海蛇,生活在澳大利亚西北部的阿什莫尔群岛的暗礁周围,它的毒性比任何陆地蛇都要大许多倍。陆地上最毒的蛇是澳大利亚西部的长 1.3 米的小型蛇,一条蛇的毒液能毒死 25 万只老鼠。

丛林里的蛇为了上树捕食鸟类,必须练就一身过硬的爬树功夫,否则就没办法糊口了。

蛇有骨头吗?

不要被蛇柔软的身体欺骗了,以为蛇是没有骨头的,其实根本不是这么回事。

蛇的身上到处是骨头,从它的部分脊椎(这里连接着1对~145对肋骨)到关节处(这里将许多脊椎连接起来了)都有,这使得蛇可以像松脆饼干一样任意扭曲。

↑ 这是响尾蛇的骨骼模型,你可以看到它的尾巴还翘起来。

↑ 蛇是一种冷血动物,它的体温通常是随着四季气温的变化而变化的,体内的代谢率和活动也与体温变化息息相关。体温高时,代谢率高,活动频繁;体温低时,代谢率低,活动减弱。

蛇身上的1对~145对肋骨顶端被肌肉依比例连接起来,这些肋骨覆盖了蛇的整个腹部。这种恰到好处的连接使得蛇可以移动,跟长了脚一样,使得它不需要借助脚就可以行走。蛇也许是长脚蜥蜴的后代,如果这是真的,那么蛇的脚大概是在进化过程中逐渐消失的,因为脚对它的移动是多余的了。

蛇从一个地方挪到另一个地方,可以采用好几种方式,其中包括"横向波动运动"、"直线式运动"、"风琴式运动"和"拐杖式运动"。所有这些运动方式都毫无疑问地表明,蛇没有腿也可以走得好好的,它用自己的方式很好地适应栖息环境的要求。

关于蛇的居住……

不是所有的蛇都住在洞里,它们四海为家。部分蛇住在松软的土里,在土里蠕动,打洞安家,并挖掘通道。另外,也有些蛇会搬进哺乳动物废弃的洞穴,或者找一处裂缝,便可以栖息在那里了。

⬆ 兔子的耳朵不仅长，而且很灵活，能四面八方转动。

 # 兔子为什么爱磨牙？

兔子一共有 28 颗牙齿，6 颗大门牙（上边两对，下边一对），10 颗前臼齿（上边三对，下边两对），12 颗臼齿（上边三对，下边三对）。兔科动物与啮齿类动物一样，牙齿都会不断长长，太长的牙齿会刺入牙龈，引发疾病，所以啃咬物品可以说是兔子每天例行的基本工作和生理需求。兔子会进食大量的干草，以达到磨牙的效果，臼齿恰好可以用来磨碎食物。兔子咀嚼干草的时候，不仅臼齿能磨得整齐，门牙在切断干草时也达到了磨牙效果。

臼齿如果长得太长，会很麻烦，严重时会长出牙刺，刺进兔子的眼窝附近，造成感染（兔子的眼球会因此突出），或是阻塞泪腺，甚至可能造成兔子死亡。

磨牙的声音也会反映出一些问题。当兔子感到疼痛的时候，它会大声磨牙；相反，如果磨牙的声音很轻，则表示兔子此刻非常满足，非常高兴，这个时候，兔子的眼睛通常处于半开半闭状态。

关于兔子的眼睛……

食肉类动物的眼睛都是向前看，可以准确地估计猎物的距离和位置，而食草类动物由于往往被猛兽和猛禽追捕，因此它们的眼睛多长在头部两侧，这样可以增大视野范围，及时发现捕猎者。兔子的眼睛很大，视角可达 90°，但两眼的视角不能重叠，因此没有立体感，不能准确判断距离，往往顾了后头而忘了前头，被追得急的时候，会撞在前方的障碍物上。

➡ 兔子喜欢磨牙

马有肚脐吗?

不仅马有肚脐,鲸、长颈鹿和狗都有。一切有胎盘的哺乳动物都有肚脐。肚脐是哺乳动物在怀孕期间胚胎和母体之间用来传递养分的脐带,在母体分娩时剪断后留下的标志。

怀孕期间,母体和胚胎通过胎盘来交换食物、氧气、抗体和废物,连接母体与胚胎的管道叫作脐带。等到小鲸、小长颈鹿和别的有胎盘的哺乳动物出生的时候,脐带被切断,留在它们腹部的疤就叫肚脐。

有袋的哺乳动物袋鼠、考拉、负鼠既没胎盘,也没肚脐。最奇怪的是一种叫鸭嘴兽的哺乳动物,它既没有胎盘,也没肚脐,还像爬行动物和鸟类一样产卵。

⬆ 马头

⬆ 肚脐是胎生哺乳动物共同的特征,人类也有肚脐。

马的嗅觉和听觉都很灵敏,尤其对气味的记忆很强。马的鼻腔很大,并分成两个区,里面的嗅觉神经细胞很多,所以嗅觉特别发达,因此能在迷途中经曲折路程重回原地。

马的嗅觉

➡ 马的嗅觉很灵敏

猫和其他动物也换牙吗?

是的,哺乳动物也有和人类一样的换牙现象,猫也会换牙。猫和狗都有乳齿,它们小的时候都会掉牙,再长出一颗新牙来。

猫牙齿的生长发育也要经过两个阶段,即乳齿阶段和永久齿阶段。在乳齿阶段,猫有 26 颗牙齿;到了永久齿阶段,猫就会有 30 颗牙了,多出来的是上下各 2 颗白齿。

4 个月大的狗就开始换牙,到 6 个月换完,成为永久齿。狗牙齿磨损情况与年龄有关,年龄越大,磨损越严重。但与饮食也不无关系,经常啃咬硬骨头的狗,牙齿磨损的情况较为严重。换牙时,小狗会表现得烦躁不安,喜欢咬硬的东西 。

⬆ 狗经常啃咬硬骨头,所以牙齿磨损得特别快。

⬆ 老虎锋利的牙齿是它战胜其他动物的武器

关于哺乳动物的牙齿……

牙齿是哺乳动物最重要的器官,对它们的生活起着不可或缺的作用。食肉动物在捕获食物的各个环节(猎杀、叼拿、弄碎肢解)中,无一不运用牙齿作为天然工具。失去一颗犬牙的老虎便再也无法猎杀大型有蹄动物,性命堪忧。

牙齿与食性

动物的牙齿与食性存在着密切的关系。食肉动物的犬齿(又叫"尖牙")特别发达,因为犬齿非常锐利,可以撕裂肉类。而食草动物的白齿(又叫"磨牙")特别发达,可以用来磨碎和咀嚼植物。而当食肉动物的食性发生变化,例如大熊猫改吃竹子,黑熊以植物为食时,它们的白齿便日趋发达,犬齿却在逐渐退化。

⬆ 猫也需要换牙

⬆ 猫的牙齿

没有公鸡帮忙，母鸡能单独下蛋吗？

母鸡不需要公鸡也能下蛋，下蛋是母鸡的一种生理现象，与是否交配没有关系，事实上我们从超市买回的鸡蛋几乎都是由母鸡单独下的，它们可能从来都没见过公鸡。但是，如果要用这些蛋来孵小鸡的话，那就必须请公鸡帮忙了。要是没有公鸡交配授精的话，那么，这些鸡蛋只能做一辈子的鸡蛋了。

我们吃的鸡蛋分为两种，授精的与未授精的，授精鸡蛋可以孵出小鸡，未授精的鸡蛋则不可以。

透过灯光观察鸡蛋内部可以分辨出鸡蛋是否授过精：蛋黄有拖着一条乳白色尾巴的是授精的，没有带尾巴的就没有授精。

⬆ 公鸡有着明显的鸡冠，羽毛色彩也丰富。

◀ 下蛋是多么容易的事，不用劳公鸡的大驾了。可是，要想孵出小鸡的话，就一定得找它帮忙了。

关于鸡……

鸡是温血动物，骨头中空，体内还有 13 个气囊，身体轻巧，体温为 41.5℃ ~ 42℃，正常状况下雌鸡每分钟心跳 300 多次，呼吸 30 多次。鸡没有牙齿，用尖嘴啄取食物，所有消化都在胃里完成。它们有时会吃一些沙子，以研磨胃里的食物，帮助消化。鸡一般能活 10 年 ~ 15 年。

鸡非常胆小，一旦受惊，轻则拥挤，重则相互践踏，引起伤残和死亡。

公鸡为什么要打鸣?

⬆ 打鸣是鸟类经过长期进化获得的本领，公鸡的打鸣也是遗传的。

关于公鸡……

鸟类的生长期很短，大约只需要四个月的时间，公鸡的身体就可以发育成熟，才可以帮助母鸡授精，产下授精蛋。通过声音可以判断公鸡是否发育成熟，当它们长大，声音会发生变化。

除了猫头鹰、鹄等少数鸟类外，大多数的鸟到了夜里都是看不见东西的。公鸡也一样，可以说有夜盲症。因此，在夜里，它们随时都有可能遭到攻击，这让公鸡始终处于紧张不安的状态。到了清晨，当它感受到微弱的光线时，眼睛又能看到东西了，于是便非常兴奋，开始打鸣。其次，公鸡还是一种好斗的动物，它通过打鸣的方式来警告其他公鸡，不要入侵自己的领地。此外，公鸡打鸣也是为了吸引母鸡的注意。

而且，让公鸡不打鸣是不可能的，打鸣是公鸡的本能。公鸡打鸣，母鸡下蛋，这是再平常不过的事情。曾经有兽医建议将公鸡阉割了，以制止它们打鸣，这个办法确实奏效。但问题是，这些不打鸣的鸡根本不叫公鸡了，而是阉鸡。

飞鱼真的能飞吗？

↑ 飞鱼在飞行时，有时会不小心飞到船上，被人捉住。

飞鱼其实并不会飞，它只是能够跃出水面，乘着风滑翔而已。飞鱼的鳍很特殊，看起来很像翅膀，摸上去又很硬。

飞鱼之所以会"飞"，是为了躲避敌人的追捕。当它受到水下凶猛生物的侵袭时，能以每小时 40 多千米的速度窜出水面。在出水以前，它必须先在水表面下迅速游泳，速度像小汽车一样快，然后破水向上，飞上天空，躲开敌人。飞鱼可以在空中停留 20 秒，飞离海面 8 米 ~ 10 米的高度，飞行速度每秒达 18 米，能飞出 200 米或更远一些。

关于飞鱼……

飞鱼属于大洋高温表层洄游鱼类，主要的食物是细小浮游生物。一到春天，它们便会随着黑潮北上，偶尔在蓝黑色的海水中逗留。有时也可以在靠近岸边较深层的水域中见到它们。就算海面上海浪已经摇晃得非常厉害，我们仍能看到大群的飞鱼在大海上跳跃飞驰。

↑ 飞鱼是一类鱼的总称，这种鱼叫做飞角鱼。

滑翔避敌

动物世界中无时无刻都在发生着"战争"，为了赢得生存和繁衍后代，动物们随时准备着生死决斗，并且机智灵活地应对发生的一切情况。飞鱼飞翔的目的，其实主要是自卫。它们容易受到惊吓，在遭到大型肉食性鱼攻击时经常成群窜出水面滑翔。但也有例外，兴奋的时候飞鱼也常常飞出水面。

尾鳍是飞鱼"飞行"的"发动器"，如果将尾鳍剪去，再把它放回海里，那么飞鱼便再也不能从水中一跃而起。滑翔结束时，飞鱼的尾部先入水，如果需要再次飞行，在身体还没有全部入水之前，它们会再用尾鳍有力地拍打水面，重新跃起。因此，飞鱼能连续数次滑翔，时飞时落，既能逃避空中飞鸟的袭击，也可以躲开海中恶鱼的进攻。

↑ 飞鱼其实并不会飞，只是在受到敌害攻击时，会跃出水面滑翔，看起来很像"飞"而已。

负鼠为什么要"装死"？

负鼠装死的本领可是经过上千万年时间进化而来的，所以它们装死装得很像。

负鼠在即将被擒时，会立即躺倒在地，肚皮鼓得大大的，呼吸和心跳中止，表情十分痛苦地做假死状；如果对方还没有被蒙骗住的话，负鼠会从肛门旁边的臭腺排出一种恶臭的黄色液体，以使对方确信它已经死了，而且腐烂了。

大多数捕食者都喜欢新鲜的肉，动物一旦死了，身体就会腐烂并且全身布满病菌，因此，不少食肉动物看见负鼠的确已经"死"了，就不再管它了。待敌害远离，短则几分钟，长则几个小时，负鼠便恢复正常，见周围已没有什么危险，就立即爬起来逃走，拣得一条性命。

出行时，小负鼠们将各自的尾巴缠绕在妈妈高高翘向背部的尾巴上。

负鼠

负鼠和袋鼠等同属有袋类动物，但它却与它的亲戚们相隔万里，它住在美洲，是唯一一种不住在大洋洲的有袋类动物。负鼠以其背负幼鼠活动的习性而闻名，它们的育儿袋与袋鼠的不同，只在腹部前方有竖条开口，而不呈口袋状。负鼠喜欢倒挂，它们能将尾巴挂在树上头朝下睡觉。负鼠妈妈外出时，婴儿们很容易跟随它出行，它们把尾巴绕在负鼠妈妈的尾巴上，然后把脚插进负鼠妈妈松软的皮毛里。当遇到危险的时候，它们也会玩起"装死"的把戏，来避免受到比它强大的动物的伤害。

小负鼠喜欢待在妈妈背上

狼的眼睛在夜里为什么发绿光?

　　动物的眼睛并不能发光,因为它本身不是光源。狼的眼睛发绿光,是因为反射光的缘故,之所以发出来的是绿色,这是因为狼的眼睛最容易反射出绿光。除了狼以外,许多动物的眼睛都可以反光,像狗、猫、牛和老虎,不过不同动物反射的光颜色不一样。

　　狼的瞳孔特别大,在不同强度的光线照射下,瞳孔的形状和大小可以改变。在明亮的强光刺激下,瞳孔缩得像一条细线;在黑暗的地方,瞳孔就变得又圆又大。狼能把极微弱的光线收集到瞳孔内,也就是说它在光线很暗的环境中也能看清东西。此外,狼眼睛的瞳孔深处有一层薄膜,它能把收集到的光线反射出去。狼的眼睛在黑暗中显得特别亮,就是因为那层膜能反射光线的缘故。

↑ 狼是一种凶残的野生动物,爱在夜间出来活动,在光线黯淡的夜晚,它的眼睛能发出绿色光芒。人们称这样的眼睛为夜眼。

↑ 在夜晚,猫的眼睛也会发出亮光,这也是瞳孔薄膜反光的结果。

关于狼……
　　狼是继人类之后,分布最广的群居群猎动物。它们分布在整个欧洲、亚洲和北美洲。现在普遍认为狼是家犬的直接祖先。狼的社会组织、体型与皮毛颜色均有很大变化。北部地区狼的个头、爪子较大,皮毛较厚。北方的狼体重达 59 千克,而南方的狼相比要小得多,体重在 30 千克以内。生活在中东地区的狼体重甚至轻至 14 千克。

蟒蛇会压碎猎物吗?

蟒是低等的蛇,生活在热带或亚热带地区的森林中。

爬行中的蟒蛇,在干旱平原地带,蟒蛇没有任何生存能力。

蟒蛇和巨蟒都是非常大的蛇。有关蟒的巨大和凶猛的传说很多,甚至谣传蟒能够将人吸到口中。很多人都有一种错觉,认为蟒蛇会卷住猎物,使劲压挤猎物,直至猎物粉碎死去。但事实上并非如此,蟒很少伤人,它们是既聋又哑的动物,视力也差,主要依靠热感器官和犁鼻器来探知猎物,猎物一动它就会迅速反应,咬住猎物。由于蟒蛇没有多大的力量,并不会把猎物的骨头弄碎,同时,蟒蛇也不大喜欢吃大的活着的东西。

蟒蛇或者巨蟒进攻猎物时,通常都会张大嘴。当蟒蛇的身体卷住猎物后,它的牙齿会夹住猎物。之后,蟒蛇将尾巴缠在一个固定的物体上,例如一棵树,以使自己更放松些;随后将猎物缠上两三圈,这就使得猎物没办法移动,停止呼吸,并迅速窒息而死。猎物一旦停止挣扎,蟒蛇便会松开尾巴,开始吞吃。蟒不咀嚼食物,而是整个囫囵吞下,这是因为它们的嘴巴可以张得很大,能够将许多大的动物顺利地吞下去。蟒蛇吃爬行动物、鸟和小哺乳动物。

为什么人只靠两条腿就能站起来?

人类有许多骨骼和肌肉发生了变化,使得我们可以直立行走,而其他灵长类动物,像黑猩猩,就不能直立行走。黑猩猩不能跟人一样伸直身子,锁住膝关节来拉直腿,这就意味着它得利用肌肉来将腿拉直,而这样做会非常累。人类的骨结构可以锁住膝关节,并伸直腿,为站立减少了许多负担。在人体骨骼示意图上,从臀部到膝盖的股骨是倾斜的,而不是直的,这表明脚直接处于人体的重心之下。弓形的脚也可以支撑更多的重量,臀部的肌肉又支撑着人体,令人们行走时不致摔倒。不过,尽管人类的脊柱已经适应了直立行走,但是直立行走给脊背增加了很大的压力,因此,许多人常常会感到背痛。

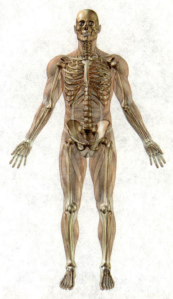

⬆ 人体依靠骨骼支撑,才能完成各种动作。

关于黑猩猩……

黑猩猩生活在横贯赤道两百多万平方千米的地方,浑身黑色,最明显的特征是大耳朵向两边突出,眉骨很高,双眼深陷。一只成年的雄性黑猩猩体重 50 千克 ~ 70 千克,是大猩猩体重的 1/3,站起来时身高 1.3 米 ~ 1.5 米。

▣ 黑猩猩是一种十分聪明的动物,它们也是基因最接近人类的动物。

动物们都是怎样避暑的？

↑ 通过扇动翅膀，鸟儿可以让气流流过自身，降低体温，使自己得以正常活动。

↑ 骆驼能很好的适应沙漠炎热的气候，它们可以让自己的体温升高，高过环境温度，从而使自己感觉舒服一点。

　　到了夏天，也是动物展示自己避暑能力的时刻。大象有一对大耳朵，它的降温办法是用力扇动耳朵来散热，另外大耳朵本身也可以散热。长尾猴则摇摆它的长尾巴来对付暑热，它的尾巴里有一条特殊的静脉，能将体内产生的热量迅速散发出去。

　　翅膀是鸟儿和昆虫的天然风扇，沙漠里的鸵鸟拼命拍打翅膀来降温，其他小动物则干脆躲到地下去，在沙层下打地洞，有些聪明的动物还会将洞口塞住，以隔绝炎热的空气。为了给蜂窝降温，勤劳的工蜂会运来水，洒在窝眼周围。骆驼和狗的鼻子中有丰富的血管，是天然的散热器。南非有一种会上树的奇特树鱼，一到夏天，就爬到树上呼呼大睡，躲避炎热的季节。

→ 蜜蜂勤劳地工作着

兔子

　　兔子是一种小型哺乳动物，早在3000万年前，地球上就有它们的踪迹。现在，除极地外，世界各地都有它们的身影。
　　兔子最显著的特征有三个。首先是一对大门齿，上唇中央有裂缝，即俗称的"三瓣嘴"。其次，绝大多数兔子都长着长耳朵。不过，也有特例，生活在高山的鼠兔及琉球岛的短耳兔没有长耳朵。最后，所有的兔子都有一根翘翘的短尾巴。兔子的听觉与嗅觉也都很发达，嘴唇边长着的胡须则是它们丈量洞穴距离的好帮手。

天气热的时候,耳朵越大的兔子越凉快吗?

　　耳朵很大的动物比比皆是,生活在北极地区的雪兔,耳朵又大又漂亮。气候越是炎热的地区,动物的耳朵便越大。一般说来,得克萨斯的兔子耳朵要比旧金山的大,旧金山的兔子耳朵又比北极的大。这是因为有些时候动物需要散热,即使在寒冷的地方也不例外,耳朵则好比是它们的"散热器"。

　　兔子的耳朵能够调节体温,保持身体凉快。当兔子的体温高达 40℃时,耳朵就会发挥"散热器"的作用,耳朵血液流动更加流畅,它不断向空中释放热量,把体内的热量散发出去。而寒冷的季节里,兔子则将两只耳朵紧贴在背上,以此保温。兔子在逃跑时耳朵总是高高地竖起来,这样凉风可以冷却血管内的血液,使较凉的血流到身体各个部位,同时身体也不会出汗。

　　此外,兔子的听力也非常灵敏,它的长耳朵能不停地转动,收集四面八方传来的声音,以观察周围的动静。

🔼 到了炎热的夏天,大象扇动耳朵来降温。耳朵就是它的大扇子。

关于兔子……

　　兔子是一种夜行动物,但有时它们会一反常态在白天进食。许多人认为这是下雨的前兆。当兔子吃东西的时候,总要竖起耳朵来听周围是否有敌人存在,但雨声会把食肉动物发出的声音掩盖,所以兔子改在白天进食,以便在夜晚大雨来临之前将食物吃完。

🔼 和身体相比,兔子的耳朵的确算是动物界中最大的。

池塘结冰,青蛙睡在哪里?

青蛙会在结冰前找一个土穴钻进去,准备度过冬天。

关于青蛙……

青蛙前脚上有四个趾,后脚上有五个趾,还有蹼。青蛙头上的两侧有两个略微鼓着的小包,那是它的耳膜,青蛙通过它可以听到声音。青蛙的背上是绿色的,很光滑、很软,还有花纹,腹部是白色的,可以使它隐藏在草丛中,捉害虫就容易些,也可以保护自己。青蛙的皮肤可以帮助它呼吸。它们用舌头捕食,舌头上有黏液。

青蛙是冷血动物,而且身体表面光滑,没有毛和羽毛来帮助保暖。冷血动物的体温调节能力很差,它的体温受气温影响,随着气温变冷,青蛙的体温也会逐渐下降。当气温下降到一定程度时,青蛙会被冻死。因此,为了生存,青蛙不得不钻进泥土里冬眠,直到严冬过去,气温升高,才会再次出来活动。

它们可以在湖底或池塘深处的泥里冬眠。池塘的表面虽然结冰了,但水底下没有被冻住,因此,青蛙可以安全地在那里冬眠。另外,青蛙还可以在泥土里打洞过冬,直到春暖花开,它们才从洞里钻出来找东西吃,过上正常的生活。冬眠时,青蛙的新陈代谢会降低,不吃不喝,直到春天才醒来。

动物们是怎样冬眠的?

　　加拿大有种山鼠,冬眠时间长达半年。冬眠的时候,即使用脚踢它,也不会有任何反应,简直像死去一样,但事实上它却是活的。

　　松鼠睡得更死,它的头好像折断一样,任人怎么摇动都不会睁开眼,甚至用针也刺不醒。

　　蛇是集体冬眠的,它们互相搂抱在一起,提高温度。如果单独过冬会冻死的,聚在一起可以减少死亡率。

　　刺猬冬眠时,蜷成一团,几乎连呼吸都停止了,偶尔会醒来,但不吃东西,很快便再度入睡。冬眠的刺猬如果过早醒来,是会被饿死的。

　　蝙蝠也要冬眠,它在山洞里用后足的尖爪攀住石缝,头朝下悬在空中,一"吊"就是半年。

　　熊冬眠是因为冬天不容易找到食物,到了秋天它们就大吃特吃来累积脂肪,冬天就指望这些脂肪来提供养料了。

⬆ 刺猬缩成一团冬眠,这样不仅可以保持体温,而且还可以保护自己不被饥饿的野兽吃掉。

⬆ 在寒冷的冬季,熊会选择多睡觉和少活动,不过在非常饥饿的情况下,它们也会爬出来寻找食物。

⬆ 松鼠会在冬天到来之前储存足够的食物,然后整个冬天都躲在巢穴里,不用出来。

牛蛙

　　牛蛙是一种大型的蛙类。它背部为绿色或棕绿色,咽喉部有斑点,眼睛是金色或褐色的。牛蛙身体扁平,雄蛙的鼓膜通常要比雌蛙的大。牛蛙鸣声洪亮,远闻似牛叫声,它的名字就由此而得。虽然称之为牛蛙,但它们不吃草,只吃肉,经常捕食比它小的青蛙,是青蛙家族里面的"暴力分子"。牛蛙是变温动物,当水温下降到6℃～12℃时开始冬眠。牛蛙进入冬眠后,潜伏在水底或洞穴中不进食,依靠皮肤呼吸水中的溶氧和体内蓄积的养料来维持微弱的新陈代谢。

⬆ 牛蛙多选择较阴凉潮湿处生活,常登岸躲藏于洞穴或岸边草丛中栖息。

↑ 白鲸是海洋哺乳动物，它们的心跳速度并不快。

为什么小动物的心跳速度比大动物的快？

虽然所有哺乳动物心脏的活动方式本质上是相同的，这些动物的心跳依然要按比例调整，动物的大小对此有一定的影响。

以鲸为例，虽然外形庞大，但表面积和体积之比却很小。如果心脏跳动得很快的话，就要消耗大量的食物；而降低心跳速度的话，它们身上的热量相对而言散失得比较慢。

和鲸相比，小鼠的表面积和体积之比就要大得多了。它们只需要吃一点点食物，心脏照样能够跳得很快，但这也意味着它们散热的速度要比鲸快得多。因为，为了维持心跳速度，小鼠要产生更多的热量，新陈代谢也更快。

每一种动物基本上都是依据自己的生活方式和生理构造，来选择最适宜的新陈代谢速度。

↑ 家鼠是一种体型很小的哺乳动物，它的心跳速度很快。

关于动物心跳……

心脏的跳动周期（完成一次收缩、扩张过程所需的时间）与动物的体重成反比。寿命短暂的老鼠，心脏的跳动特别快，而动物界的寿星马和象，它们的心跳则要慢得多。体重仅30克的鼩鼱，其心跳次数高达每分钟600次；体重1.8千克的猫，却只是每分钟200次；体重80千克的人，每分钟平均心跳70次；而重达3吨的大象，每分钟仅心跳30次。

心跳与寿命有什么关系?

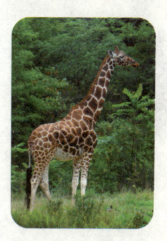

心跳速度与寿命有关。一般来说,心跳快者寿命短,而心跳慢者寿命长。当然这不是绝对的,如果心跳过慢,也会导致动物早死。

对许多哺乳动物来说,每呼吸 1 次,都心跳 4 次。无论体重多高,它们的呼吸和心跳次数与寿命时间比是恒定的。小型哺乳动物呼吸快,心跳速度快,因此寿命短。

在哺乳动物中,家鼠的心脏每分钟跳动 290 次,其寿命仅为 4 年;大象的心速为每分钟 30 次,其寿命则长得多。

⬆ 长颈鹿的心脏搏动非常有力,这样才可以把血液送到高高的脑袋上。

⬆ 老鼠的心跳速度很快,尤其是在受到惊吓逃跑的时候,跳动速度更快,有的老鼠甚至在逃跑时猝死。

⬅ 无论不同动物或个体间存在何种体重差异,心脏每跳动一次消耗的能量差距并不大。体重的增加会导致心跳数相应减少,动物的新陈代谢周期也随之拉长。因此,如果体重过轻,新陈代谢太快,就会导致寿命缩短。

老鼠

身材娇小的老鼠恐怕是世界上数量最多、分布最广的哺乳动物了。老鼠的身上覆盖着短短的灰色或棕色的毛,长长的尾巴,每只足上有五趾,它们的门牙很锋利。绝大多数老鼠只在夜晚活动,它们的视觉、听觉、嗅觉都很灵敏,高度灵敏的胡须可以帮助它们在夜间探路。

➡ 虽然老鼠的生命很短,但是它们是分布最广泛的哺乳动物。

 # 先有鸡还是先有蛋?

海龟是一种古老的卵生动物，它们是从蛋里孵出来的。

答案是：先有蛋。因为在鸟类出现几亿年前，爬行动物就已经在下蛋了。

两栖动物和爬行动物最主要的区别在于，爬行动物的蛋壳坚固，两栖动物的蛋壳柔软。爬行动物是由两栖动物进化而来的，而鸟类又是由爬行动物进化而来的，因此，蛋比鸟类出现的时间要早得多。

两栖动物是第一批从水里爬到陆地上的脊椎动物，它们将蛋产在水里或潮湿的地方，以免蛋被风干。爬行动物从两栖动物进化而来，有些爬行动物，如海龟和鳄鱼，依然会在水里停留很长时间。但是，当爬行动物向哺乳动物进化时，便出现了一次很大的转变，它们可以在陆地上堂而皇之地生活、繁殖。

在海滩的沙洞里孵化的小海龟出壳以后，就会爬出沙洞，回归大海。这个旅程充满了危险，只有不到十分之一的小海龟能从沙洞爬到大海里。

最小的蛋 最大的蛋

世界上最大的蛋是鸵鸟蛋，蛋长 15 厘米～22 厘米，直径 14 厘米～15 厘米，蛋壳厚度达 0.64 厘米，一个体重 100 千克的人站在鸵鸟蛋上，也不会将它踩破。

世界上最小的蛋是吸蜜蜂鸟产的蛋，重量只有 0.2 克。

鸡蛋

鸵鸟蛋

最大的海鸟是什么？

　　信天翁是十几种大型海鸟的统称，是大洋里最大的海鸟。它们有高强的滑翔本领，能够在短短的一小时内飞过113千米的海面；信天翁喜欢狂风巨浪的天气，因为它们可以借风势飞得更省力。因此哪里出现信天翁，哪里的天气就要变了。

　　信天翁可以活二三十年，属于比较长寿的鸟类。它们以海洋浮游动物如鱿鱼、乌贼、磷虾等为食。

⬆ 信天翁的双翅展开可达3米左右，是世界上翅膀最长的鸟。它们大部分时间都在海上遨翔。

⬆ 信天翁

⬆ 海鸥

能倒着飞的鸟

　　蜂鸟主要分布在南美洲和中美洲，沿拉丁美洲西岸往北一直到南阿拉斯加，都有可能发现蜂鸟。蜂鸟体型差异很大，最小的一种蜂鸟全长6厘米，体重仅2克。蜂鸟常在花间飞行，取食花蜜和花上的小昆虫，蜂鸟的嘴又尖又细，很容易插入花中采食。它们有飞行绝技，既能向前飞，也能向后飞，而且能在空中悬停，还是世界上拍翅最快的鸟类，每秒达75次。由于高速扇翅需要消耗很大的体力，蜂鸟的食量大得惊人，每天都要吃进相当于自己体重两倍的食物。因此，它们的新陈代谢速率极高，心跳每分钟可达615次。

↑ 幽灵螳螂是一种与环境融为一体的猎手,它们经常悄无声息地接近猎物,就像幽灵一样。

蟑螂死时都是背着地吗?

我们经常会看到死蟑螂四脚朝天躺在地上。这可能是蟑螂临死前翻了一个筋斗,而此时它们实在没有力气来将自己摆正。或者,它们死的时候腿是向下的,却被气流掀翻,所以成了现在的这个姿势。

并不是所有的昆虫死时都会躺在地上,但是大部分昆虫死的时候都会翻转身体,这与地心引力有关。

昆虫一般有六只脚,分布在身体两侧,用来支撑整个身体。昆虫快死的时候,脚也失去力气,当其中一两只脚倾斜、跌倒,整只昆虫便失去了重心,在地心引力的作用下,它会向下坠去,身子则侧向一边。此时,其余的脚越向外抓,反而越会令昆虫滚转,腹部朝天。而这个时候,昆虫就很难再翻身了,因此我们会看到它躺着死了。

↑ 这只螳螂并没有死,它只是在装死,不过即使是装死,它也是背部着地。

↑ 大蟑螂

不挑食的蟑螂

蟑螂是一种昼伏夜出的昆虫,一天有18个小时的时间躲藏在阴暗蔽光的场所,黄昏时才开始活动。它们是杂食性昆虫,对于吃不是那么讲究,甚至生活垃圾也可成为蟑螂的美味。美国蟑螂光喝水可以活一个月,即使在食物完全断绝的情况下,也能够活三个星期。

蟑螂的繁殖能力很强,在美国东部,平均一个房子里有一千只以上的蟑螂;而一对德国蟑螂,一年可以繁殖十万只后代。

↑ 蟑螂

蜈蚣真的有一百条腿吗？

蜈蚣的英文名字的确代表"百足"，而且，有些蜈蚣也真的有 100 条腿，但并不是每一只蜈蚣都有 100 条腿。事实上，有的蜈蚣的腿超过 100 条，而有些蜈蚣则只有 30 条。也许，应该由数学家而不是由生物学家去计算蜈蚣腿的条数。蜈蚣并不是昆虫，它是"多足纲"节肢动物，千足虫也属于这个古老的种类，但它不一定真的会有 1000 条腿，不过它的腿的确是很多。

蜈蚣是地球上历史最悠久的动物之一，在 4 亿年前就出现于大自然中。蜈蚣能产生剧毒，也是一个敏捷的猎手，连有毒的毛蜘蛛也逃不过它的追捕。全世界有 3000 种～5000 种蜈蚣有毒腺，其毒液会使人血液通行不畅，神经系统受损等。

蜈蚣的名字里虽然有"虫"字旁，但它其实并不是昆虫，属于节肢动物门多足纲。

蜈蚣栖息在阴暗潮湿处，白天躲藏在石块或枯木下，夜间外出活动，捕食蚯蚓和昆虫，大型的蜈蚣会捕食细小的脊椎动物。捕获猎物后，它们很快便把毒牙插入猎物体内，注射毒液，麻痹猎物直至死亡。蜈蚣还经常放出一种特殊气味，以划定它的势力范围。

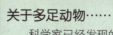

关于多足动物……

科学家已经发现的多足类动物大约有 90 多种，其中有 1/4 为蜈蚣类，另外 3/4 是属于马陆类，它的腿通常比蜈蚣还多一倍，俗称"千足虫"。

⬆ 狗在高兴的时候，会通过摇尾巴来表达自己愉快的心情。

除人以外，什么动物不长尾巴？狗为什么摇尾巴？

有些动物看起来是没有尾巴的，除了我们人类以外，还有长臂猿、黑猩猩、猩猩和大猩猩等灵长类动物没有尾巴。其实，所有的脊椎动物还是胚胎时，都经历过有尾阶段，之后，随着胚胎生长成熟，它们的尾巴有的继续生长，有的不再生长。事实上，人也有尾巴残余。在脊柱的底部，有一个叫尾骨的骨结构，这就是人和猿类的尾巴残余。从严格意义上来讲，人类的尾巴并没有完全消失，只不过"萎缩"成了尾骨。

狗只对有生命的物体摇尾巴，摇尾巴的作用相当于人类的微笑。它们的尾巴只为人、狗、猫、松鼠，甚至老鼠和蝴蝶而摇，但不会针对无生命的物体。你不会看到狗对着晚餐或床、车、棍子，甚至肉骨头摇尾巴。

狗摇尾巴的动作也是它的一种"语言"。尾巴翘起，表示喜悦；尾巴下垂，意味危险；尾巴不动，表明狗不安；尾巴夹起，说明害怕；迅速水平地摇动尾巴，象征着友好。

另外，狗摇尾巴的时候也是在散发一种气味，这种气味只有狗能够闻到，摇尾巴也是想让这种气味散开，引起其他狗的注意。

⬆ 长臂猿也没有尾巴，它体形较小，在树上生活，用臂悬挂来移动身体。

动物的尾巴都有什么用?

↑ 别看鹿的尾巴又小又短,那可是重要的报警器哦。

袋鼠有一条"多功能"的尾巴,又粗又长,在袋鼠休息时可以支撑身体,跑动中尾巴更是重要的平衡工具。另外,袋鼠尾巴还是重要的进攻与防卫武器。

鹿的尾巴又小又短,但却是重要的报警器。当危险靠近时,发现敌害的鹿会竖起尾巴,露出下面的亮点,向同伴发出警报。

兔子的短尾巴可以在紧急情况下帮助兔子逃命。当兔子被猛兽咬住时,兔子立刻使用"脱皮计",将尾巴的"皮套"脱下,迷惑敌人,从而逃走。

马的尾巴在它奔跑时起着很好的平衡作用,平时还可以当做"苍蝇拍",驱赶对它发起进攻的蚊子、牛虻和马蝇。

↑ 一匹马在飞奔的时候,尾巴会高高翘起,以保持身体平衡。

老鼠的尾巴是爬行的好帮手,可以帮助它沿着墙壁爬行。它们甚至还能用尾巴勾出瓶子中的糖浆或奶油,然后收回尾巴品尝这些美味佳肴。

猴子利用尾巴在树上窜来窜去,尾巴是猴子的"第五只手"。

小松鼠睡觉时把尾巴当做棉被盖在身上。

鱼靠摆动尾巴在水中前进。

关于人和动物……

人和动物生病后,一般不会相互传染。这是因为动物所患的疾病和人类的不同,人类最普通的疾病(如感冒、流感)与动物的(感冒、流感)也不同。不过,人和动物之间也有几种可以互相传染的疾病,只是这几种病不太常见。

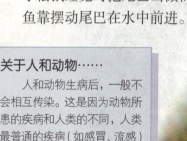

小猴子待在妈妈的怀抱里，
感到安全和温暖。

抚摸动物时，它们能够感受到人类对它们的喜爱吗?

我想它们可以感受到人类的喜爱。抚摸相当于一种社交行为，令动物彼此关爱，猫和狗就很喜欢受到抚摸，同类之间常常互相替对方梳理毛发。和人类生活在一起的动物都喜欢与人接触，当人抚摸它们时，它们就会感到高兴。兔子喜欢有人摸它的耳朵，但只限于轻轻地爱抚，如果你把它的耳朵乱掐乱拧，弄得一团糟，那可是会伤害它的自尊心的。

猴子们常会相互梳理毛发，初生的小猴如果被人从母猴身边带走，那么它的反应能力和智力会比正常的小猴低下。但是，如果经常抚摸、搂抱小猴，便可以使它的反应提高，更具有生气。

宠物狗在被主人抚摸时，会
感到高兴和满意。

关于动物行为……

每一种动物的行为都预示着一种感情，但是不同动物对相同的行为有着不一样的理解，比如当一只狗摇尾巴的时候，表示它很友好，而猫摇尾巴是表示警戒，因此狗用摇尾巴的方式向猫打招呼在猫看来是一种不友好的行为，只是它自己不知道。

动物会不会做梦?

目前可以知道的是,猫和狗在浅睡阶段都会有脑波活动,这与人类在浅睡阶段做梦的情形非常相似,因此猫和狗很有可能也会做梦。法国生理学家波希尔·诺夫用猫做了一个很有趣的实验,证明猫可能会做梦:他阻断了猫大脑中一个叫作"脑桥"的部位,这样做的结果是猫如果真的梦见了什么,就会按梦境去行动。这只猫果然在浅睡阶段一跃而起,扑向假想的食物(也许是只老鼠)。即使醒来以后,猫还会四处走动,寻找那只假想的老鼠。

⬆ 白天的活动会影响到晚上动物的睡觉,比如这两只正在玩耍的猫咪,它们也许在做梦的时候,会梦见和同伴在玩。

⬆ 这只猫正在准备睡觉,经过一天的玩耍,它实在太累了!

忠诚的狗

活跃的狗都喜欢被抚摸,也不会对抚摸或者噪音特别敏感。它们喜欢人甚于自己的同类,不仅因为人能照顾它,给它吃住,更主要的原因是狗跟人在长期相处中建立了感情。因此,狗会保护自己的主人,曾有狗从水中、失火的房子里或车子下救出孩子。

狗的嫉妒心很强,当主人把注意力放在新来的狗身上,忽略了对它的照顾时,它就会愤怒,不遵守已养成的生活习惯,变得暴躁。

狗也有极强的虚荣心,喜欢受到表扬。当它办了一件好事,得到主人的爱抚时,就会像吃了一顿美餐那样心满意足。

为什么鸟会飞，人不能飞？

↑ 一只刚出生的小鹿会奔跑，但是一只刚出生的小鸟不会飞。

　　鸟的身体结构决定了它能够自由飞翔。这不仅仅是因为鸟有一对翅膀，它还具备相应的生理条件。鸟的骨头很薄，里面是空心的，因此鸟的身体很轻；胸部肌肉非常发达，令它更容易拍打翅膀；头和大脑都很轻，便于维持整体平衡；鸟身上的羽毛使它的外型呈流线型，在空气中运动时受到的阻力最小，有利于飞翔。总而言之，鸟的身体中，骨骼、消化、排泄、生殖等器官机能的构造，都趋向于减轻体重，增强飞翔能力，使鸟能克服地球引力而展翅高飞。

　　和鸟一比，人的肌体构造就太坚实了，无法承担飞行的负担。鸟骨只占鸟体重的5%～6%，而人类的骨头则占体重的18%。此外，人的身体太重，骨质密度太大，即使有了翅膀也不可能会飞。

关于鸟的飞翔……

　　对于生活在野外的鸟来说，失去飞行能力等于丧失生命。鸟类的翅膀是它们拥有飞行绝技的首要条件。但是在同样拥有翅膀的条件下，有的鸟能飞得很高、很快、很远；有的鸟却只能作盘旋、滑翔，甚至根本不能飞。

鸟死的时候会不会掉下来?

　　鸟临死时,多半已经不能到处飞翔了。如果身体出现毛病了,鸟通常都会察觉到,因而它们会找一个隐蔽的地方藏起来,不为人知地死去,直至腐烂。而且,等鸟病得很厉害的时候,也已经很老了,行动变得迟缓,很容易被天敌抓住。事实上,有很多鸟并不是自然死亡,而是葬身于天敌的腹中。

↑ 海鸥是一种翱翔在海洋上空的鸟类,不过在自然情况下,它们极少会死在空中,或是海洋里。

↑ 不同的鸟儿从孵化出壳到飞行,需要的时间也不一样。在刚出生的时候,它们需要父母的精心照顾,才能在自然环境中生存下来。

↑ 虽然飞行是令鸟类引以为傲的本领,但是在大部分时间里,它们还是呆在地面,并不在空中。天空固然是鸟类翱翔的领域,但是大地却是它们最终的归宿。

巨嘴鸟

　　在鸟类家庭中,有一种鸟叫巨嘴鸟,说它"巨嘴"是因为它的嘴长相当于身体长度的1/3。巨嘴鸟全身长着彩虹般艳丽的羽毛,多是黑色、白色、红色、黄色、蓝色和绿色的"精妙搭配"。这些羽毛能帮助它很好地辨别同类,找到配偶。

　　巨嘴鸟性情温和,智商很高,也十分活泼爱玩,那张大得不成比例的大嘴正是它们最著名的招牌。

→ 巨嘴鸟

北极狐为什么是圆脸?

↑ 北极狐的脸圆圆的,这样可以保暖,减少热量散失。

生物学家伯格曼把不同地方的生物进行比较,发现了一个有趣的现象,即同一物种,在越冷的地方,个体越大,而且越接近于圆形,这就是伯格曼法则。他认为原因有两个,一是因为寒冷的气候不仅能够延缓恒温动物的生长速度,而且也使其性成熟的时间较晚,所以个子也就长得更大一些;二是因为同一种动物,在同等温度下,体积愈大,散热愈快。在三维空间中,以球形的表面积为最小,所以动物的身体愈接近于圆形,散热面积也就会愈小。在寒冷的北极,狐狸的圆脸能减少散热,保持身体热量,所以是圆脸。

↑ 为了适应寒冷的北极生活,北极狐全身长着长长的白毛,就像披上一件暖和的大衣。

红狐

红狐又叫赤狐,是狐的一种。它们有着橘红色的皮毛,小狗般的身材,厚密又蓬松的尾巴,这一切使红狐看上去格外美丽。红狐聪明而狡猾,是少数几种能以计谋捕获猎物的动物之一。它们的领地视栖息地的不同而不同,既可以小至0.2平方千米,也可大至40平方千米。这块领地属于整个家庭成员——一只雄狐和一只雌狐,还有它们的幼狐所有。

豹为什么把猎物拖到树上?

豹的攀爬能力比较强,经常在树上休息并守望猎物,这是因为在树上没有比豹更强大的动物。因此,豹常把捕捉到的猎物拖到树上吃掉。而且在树上吃东西的时候,也不用担心有其他食肉动物来分享自己的美餐。饱餐过后,豹会把剩下的猎物储存在树上,留下来当晚餐。

⬆ 当豹捕到猎物后,它喜欢把猎物拖到树上,藏在树枝之间慢慢进食,这样做是为了防止其他动物抢吃它的食物。

豹常生活在亚热带森林、灌木丛、热带雨林、温带针叶林的山地中,栖息环境多种多样,从低山、丘陵至高山森林、灌木丛,有隐蔽性强的固定巢穴。豹的体能极强,视觉和嗅觉灵敏异常,性情机警,是胆大凶猛的食肉类动物。

⬆ 三只猎豹正在休息,为下一次捕猎做准备。

关于爱爬树的豹……

豹是猫科动物中的大型食肉猛兽,它们性格孤僻,喜欢独来独往,行动敏捷,善于爬树。通常白天在树上或岩洞中潜伏,傍晚开始到处觅食,鹿、麂、羊、鼠等动物都是它的食物。树上的猴子、鸟类,能抓到的话也吃。

↑ 鲨鱼在巨海藻中游动

鱼死后会漂在水面上吗?

鲨鱼没有鳔,如果它停下来,就会沉入水底,并且难以获得足够的氧气。因此,为了不使自己下沉,鲨鱼得一直不停地游动。它没有其他硬骨鱼那种能使水流过鳃的嘴和鳃盖的结构,只能通过游泳来保证有足够的海水从口中流过,并经过腮,交换其中的氧气。

有些鲨鱼会把空气吸入胃中来克服这个弱点,当它们往深海行进时,便会长时间打嗝,以便把胃里的空气排出。也可以说胃就是鲨鱼的鳔。

鱼鳔里充满了空气,这令鱼可以控制上浮和下沉。鱼活着的时候,它控制鱼鳔中的空气(包括氧气、二氧化碳和其他气体)含量,含量高了,鱼就上浮,含量一低,鱼就下沉。鱼死了以后,鱼鳔膨胀起来,因此鱼便会漂到水面。

关于鲨鱼……

鲨鱼是海洋中有名的"杀手",它的游泳速度很快,捕获猎物又准又狠,令其他海洋动物难以望其项背。

鲨鱼的嗅觉相当灵敏,特别是能很快闻到血液的味道。如果有鲸类被捕杀,它们会嗅着血腥味从很远的地方赶来。

一只鲨鱼有多重?

经常有人问我这个问题:鲨鱼有多重?我的回答往往是——唔,那得看什么情况了。如果你将提问的范围缩小,那么我回答起你的问题来会更容易一些。比如说,"一只大白鲨有多重?"会是一个更好的问题。

显然,鲨鱼的体型大小不一样,它们的体重就不一样。根据现在海洋动物学家的记录,一只鲸鲨的体重能够超过13吨,虎鲨的重量为679.5千克,大白鲨的重量为3175.2千克,但是宽尾小角鲨仅仅只有几千克重。瞧,鲨鱼家族是不是很有趣!

在鲨鱼家族里,最大的就是鲸鲨,它的身体长达6米。鲸鲨的体型虽然庞大,它的牙齿却是鲨鱼中最小的。最小的鲨鱼是侏儒角鲨,小到可以放在手上。它长0.16米左右,重量还不到1千克。

鲨鱼只占鱼类总数的1%,鲨鱼的骨架是由软骨构成,而不是由骨头构成。软骨比骨头更轻,更富有弹性。

鲨鱼以受伤的海洋哺乳类、鱼类和腐肉为生,也会吃船上抛下的垃圾和其他废弃物。此外,有些鲨鱼也会猎食各种海龟和螃蟹等动物。还有鲨鱼能几个月不进食,大白鲨就是其中一种,据说大白鲨每隔一两个月才进食一次。

⬆ 鲨鱼不仅性情凶残、嗅觉灵敏和速度快,而且还有一口锯齿般锋利的牙齿。更神奇的是,鲨鱼的牙齿只要有一颗脱落,马上就会新长出一颗,且更为锋利。

鲨鱼的牙

我想没人具体计算过鲨鱼一生当中有过多少颗牙齿,不过我们确实知道,鲨鱼每6~8个星期换一次牙齿,前排牙齿脱落,新的牙齿随后长出来。鲨鱼通常有2~4排牙齿。这就意味着鲨鱼一生会有好几千颗牙,好几百排牙齿。有些鲨鱼在金属板上磨牙,而像老鲨这样的鲨鱼却不用牙齿吃东西,因此,我们没办法知道它们具体有多少颗牙齿。

➡ 鲨鱼的牙齿尖细强壮,对于撕扯猎物非常有利。

变色龙为什么要变色？

↑杰克森变色龙不仅会变色，头上还长着三只角。

↑这只变色龙试图把自己藏起来

关于变色龙……

变色龙又名避役，是一种冷血动物，主要分布在非洲地区，少数分布于亚洲和欧洲南部。它们主要栖息于树木或低矮的灌木丛中，有时会住在地面的叶子下，借助杂乱的叶子隐藏自己。

变色龙的防御措施与变换体色密切相关，当入侵者来袭时，它们无法与之对峙，因此，最有效的防御措施就是伪装，快速变换体色与树枝或树叶融为一体，时常会化险为夷，变色龙变色只需20秒！

当然，变色龙变换体色不仅仅是为了伪装，体色变换的另一个重要作用是能够实现变色龙之间的信息传递，便于和同伴沟通。为了显示自己对领地的统治权，雄性变色龙对向侵犯领地的同类示威，体色也相应地呈现出明亮色；当遇到自己不中意的求偶者时，雌性变色龙会表示拒绝，随之体色会变得黯淡，且显现出闪动的红色斑点；此外，当变色龙意欲挑起争端、发动攻击时，体色会变得很暗。

↑变色龙变换体色来伪装自己

变色龙是怎样变色的?

变色龙变色取决于皮肤表层内的三层色素细胞,在这些色素细胞中充满着不同颜色的色素。最深的一层是由载黑素细胞构成,其中细胞带有的黑色素可与上一层细胞相

🔼 如果你认为变色龙是一个庞大的怪兽,这幅图也许会改变你的想法。

互交融;中间层是由鸟嘌呤细胞构成,它主要调控暗蓝色素;最外层细胞则主要是黄色素和红色素。基于神经学调控机制,色素细胞在神经的刺激下会使色素在各层之间交融变换,实现变色龙身体颜色的多种变化。

变色龙是一种特殊的蜥蜴,美国并没有真正的变色龙,但有些蜥蜴可以变换身体的颜色,因此,人们将这些蜥蜴叫作美国变色龙,也叫安乐蜥。这些蜥蜴的体色可以从绿色变成棕色,或者从棕色变成绿色。

美国变色龙以昆虫为食。生长时,它们经常会蜕皮。而且吃的食物越多,蜕皮的几率也越大。

美国变色龙经常出没于有藤、花和其他植物的区域。因为在这些地方,它们能找到自己爱吃的昆虫,有时候,它们还会爬到灌木丛里或者树上。

🔼 变色龙不仅可以变色,而且还喜欢爬树,不过它们爬起树来慢吞吞的。

🔼 变色龙身体侧扁,背部有脊椎,头上的枕部有钝三角形突起。四肢很长,指和趾合并分为相对的两组,前肢前三指形成内组,四、五指形成外组;后肢一、二趾形成内组,奇特三趾形成外组,这样的特征非常适于握住树枝。

伪装高手

变色龙是一种"善变"的树栖爬行类动物,在自然界中它当之无愧是"伪装高手",变色龙的皮肤会随着背景和温度的变化而改变;雄性变色龙会将暗黑的保护色变成明亮的颜色,以警告其他变色龙离开自己的领地;有些变色龙还会将平静时的绿色变成红色来威胁敌人,目的是为了保护自己,避免遭到袭击。

➡️ 变色龙的眼睛鼓了出来,两只眼睛可以向不同方向看,十分奇特。

为什么猫头鹰白天看不见?

正确说法是:猫头鹰无法在强光下看东西。

动物的视觉细胞有两种,即杆状细胞和椎状细胞。杆状细胞负责弱光下的视觉,而椎状细胞负责强光下的视觉。

杆状细胞对颜色的分辨力弱,椎状细胞对颜色的分辨力强。这就是为什么我们到了晚上或光线暗的地方看东西常分不清颜色的缘故。

猫头鹰的眼睛里都是杆状细胞,基本不含椎状细胞,所以在白天强光的情况下,它无法正常视物,而到了晚上,它的视力要比人类好许多倍。

关于猫头鹰……

因为猫头鹰是夜行性的鸟类。由于白天强烈阳光对它的眼睛刺激很厉害,它很不习惯,只好闭目养神,一旦听到什么动静,才睁开一只眼睛,观察动静。

猫头鹰翅膀上的锯齿状羽毛可以保持飞行的稳定;曳尾羽毛在它飞行时可以起到降低噪音的作用,从而使它成为世界上飞行最轻的鸟。

孔雀为什么开屏?

　　春天是孔雀产卵繁殖后代的季节,于是,雄孔雀就展开它那五彩缤纷、色泽艳丽的尾屏,还不停地做出各种各样优美的舞蹈动作,以此吸引雌孔雀。

　　孔雀开屏也是为了自我保护。在孔雀的大尾屏上,我们可以看到五色金翠线纹,其中散布着许多近似圆形的"眼状斑",这种斑纹从内至外是由紫、蓝、褐、黄、红等颜色组成的。一旦遇到敌人而又来不及逃避,孔雀便突然开屏,然后抖动它"沙沙"作响,眼状斑随之乱动起来,摸不清方向的敌人只好打退堂鼓了。

⬆ 绝大多数孔雀的颜色是五颜六色的,不过白孔雀的颜色是洁白的,显得端庄素雅,不染凡尘。

关于孔雀开屏……

　　能够自然开屏的只能是雄孔雀。孔雀中以雄性较美丽,而雌性却其貌不扬。雄孔雀身体内的生殖腺分泌性激素,刺激大脑,展开尾屏。

✦ 每年四五月份是孔雀的繁殖季节,这时雄鸟常常追随在雌鸟的周围,频繁张开翅膀和开屏,婆娑起舞。以求得雌鸟的青睐。

百鸟之王

　　孔雀是世界稀有珍禽,通体都是翡翠一般的羽毛,华丽动人,历来都是十分珍贵的装饰品。孔雀是最美丽的观赏鸟,也是吉祥、善良、美丽、华贵的象征,被誉为"百鸟之王"。在孔雀世界里最美丽的是雄孔雀,会开屏的也只有雄孔雀。

　　孔雀在动物学分类上属于鸟纲,鸡形目,雉科,可分为绿孔雀、蓝孔雀以及杂交品种白孔雀三种,另有一种刚果孔雀生活在非洲的密林深处。

羊吃草，人再吃羊，那人为什么不直接吃草呢？

⬆ 羊是食草动物，它们只能吃植物性食物，不能吃肉。

　　羊和其他食草动物的消化系统很特别，可以从植物中吸取营养和能量。吃下去的草和其他植物，会暂时停留在它们的肚子里发酵。对于食草动物来说，发酵的过程需要微生物的参与，这些微生物寄生于食草动物的消化系统内，能够产生酶，来分解植物淀粉。

　　如果没有这些微生物，食草动物就无法消化食物，必然会导致营养不良。作为回报，它们为微生物提供一个安全的住所，持续供应食物。这种关系叫作共栖。因为双方都能从中得到好处，形成一个良好的互利共生的局面。

⬆ 人类无法消化草，因此不能以草为食。肉中含有许多营养物质，对人类智力和身体发育有很大帮助。

　　人的消化系统中也有微生物，但这种微生物难以消化植物纤维。而且，人类的消化系统结构和食草动物有很大的区别，无法让食物发酵。

　　对于人类来说，吃素食的确有利于健康，但我们不必吃草，可以选择蔬菜。更何况，我们还需要蛋白质和矿物质，而这些是绿色植物所欠缺的。

关于羊……

　　每年 1 月 14 日是澳大利亚南部地区的"羊节"。早上牧人要放鞭炮，还向羊群说些道贺的话，然后把羊群赶到水草丰盛的地方，让它们饱餐一顿。

➡ 瓜果蔬菜是我们人类的主要食物来源之一，从这些植物性食物中我们可以获得许多营养物质和微量元素。

动物也会消化不良吗?

　　是的。例如,非洲象的消化系统就不大好,肠蠕动得格外频繁。一头大象每天会排出 100 千克粪便,这么多垃圾多污染环境啊,好在有蜣螂自告奋勇,来当清道夫。它们以大象的粪便为食,能神奇地消灭污染。

　　也有一些动物很有公德,讲究卫生,它们会自行清理粪便。大山雀的粪便呈小小的粪团状,排泄以后,它会把粪团从巢中清理出去。大山雀每周要清除 500 个粪团,工作量还真是不小。

　　青蛙也容易消化不良,当它们老是反胃时,就会陷入一场大麻烦。青蛙通常不会呕吐,可一旦发生呕吐,它会把胃中的食物全都吐出来。

当蜣螂发现了一堆粪便后,便会用腿将部分粪便制成一个球状,将其滚开。它会先把粪球藏起来,然后再吃掉。

青蛙要是消化道不舒服,对它来说可是大麻烦。

大山雀昼夜捕食昆虫的总量能达到自身的体重,而它的雏鸟也能在半个月内吃掉 6000 条松毛虫。由于大山雀的食物多是威胁树木的害虫,所以我们应该保护这种贪食的益鸟。

动物医生

　　呕吐是人类预防疾病的有效方法之一。但是,动物不能呕吐,比如小鼠,无论何时当它感到自己有病或吃了有毒的食物时,就会找到一种黏土,这种黏土能吸附毒素,并使毒素灭绝或减轻。牛也吃黏土,但它的目的却是为了补充自身所缺的某种矿物;而红疣猴则用吃木炭的方法来检验自己所吃的食物是否有毒。

老鼠

驼峰用来存储脂肪

🔼 骆驼四肢长,足柔软、宽大,适于在沙上或雪上行走。胸部及膝部有角质垫,跪卧时用以支撑身体。

为什么有的骆驼有一个驼峰,而有的骆驼却有两个?

大约在 4000 万年前,骆驼的祖先出现在北美,100 万年前传入南美和亚洲,后来骆驼便从北美消失。单峰驼与双峰驼的祖先在漫长的进化过程中,进化为两种不同的形式,以适应各自的环境。阿拉伯骆驼(单峰驼)现在生活于北非、中东和印度,双峰驼则主要分布于中亚的高地。

进入阿拉伯和非洲的骆驼,由于这里气候温暖,因此既不需要长毛大衣,也用不了两个驼峰来储存脂肪,所以渐渐演变成现在的单峰驼,在温暖的气候里,一个驼峰的储藏量已经足够了。而那些生活在寒冷、荒凉地带的骆驼,为了能在艰苦的环境中生存下来,它们长出长长的驼毛来御寒,背上长起了驼峰,用来储藏水和脂肪。在食物缺乏的时候,它们不吃也不喝,靠消耗驼峰里的营养过日子。又经过很长一段时期的进化,它们变成了我们现在所知道的双峰驼。

关于骆驼……

骆驼的胃里有水囊,能储存很多水;驼峰里储存有 100 多千克脂肪,必要时可以转变成水和能量,维持骆驼的生命活动。因此,在沙漠里,它们可以一连三四十天不吃不喝,赢得了"沙漠之王"的美名。

为什么人们把骆驼称为"沙漠之舟"?

人们称骆驼是"沙漠之舟",这是因为骆驼可以用做交通工具。骆驼之所以能在沙漠里缺吃少喝、炎热干燥的恶劣环境中生活,主要是因为它的身体结构非常特殊。它的皮毛极厚,可以防止水分蒸发和强烈的日晒;它的脚像喇叭,不会陷入沙中;它的睫毛很长,鼻孔可以张开、闭上,细沙不易进入眼睛和鼻子里。最主要的原因是由于它有驼峰,人们通常会误以为驼峰里面是水,其实并不是。驼峰里储存着大量的脂肪。骆驼依靠这些脂肪,即使长时间不吃不喝也能维持生命。

⬆ 骆驼在沙漠中可以行走很长一段距离,被誉为"沙漠之舟"。

⬆ 虽然骆驼有着很强的生命力,可以长时间在沙漠中活动,但是它们还是喜欢待在水草丰美的地方。

⬅ 在沙漠地区,骆驼是主要的驮运工具,帮助人们驮运货物。

骆驼不怕热

骆驼长而蓬松的驼毛,在它的体表形成了一个有效的隔热屏障,驼毛间不流动的空气层影响热的传导和对流,降低了低温条件下体热的散失和高温条件下外热的流入。驼毛的有效隔热,也间接减少了水分蒸发。

除此以外,骆驼的鼻黏膜面积大,增加了呼出气体中水分的再吸收,减少了呼吸失水;浓缩的尿液减少了排泄废物中水分的消耗;干燥的粪便也为减少水分起了一定的作用。

↑ 蜗牛是一种生活在陆地上的软体动物，它们需要硬壳来保护自己。

蜗牛为什么下雨后才出来？它怎么贴在树枝上？

蜗牛适合在潮湿的环境里生活，下雨的时候空气湿润，因此，它们会到外面来呼吸新鲜空气和寻找食物。如果在干燥的天气出来的话，身体里的水分就会迅速减少，便有死亡的危险了。

蜗牛的腹足就像一个吸盘，如果吸盘要牢固吸附在某个光滑的表面上，就需要有一定的液体，以防止漏气。蜗牛的吸盘也不例外，而且它分泌的液体黏度比较大，可以将它粘在物体的表面，防止跌落。

↑ 蜗牛在爬行的时候，会在走过的路线上留下一条水线。

↑ 蜗牛头上有四只触角，它依靠这四只触角感觉外部世界，其中两只角顶端有感受光线的组织，就像眼睛一样。

蜗牛

蜗牛是一种生活在陆地上的软体动物，属腹足纲，生活范围极广，耐严寒高温。它们大多喜欢阴湿的环境，而且对空气的湿度感觉非常敏锐。空气湿润可以影响蜗牛皮肤、肌肉的伸展。在潮湿的夜晚，尤其是下雨以后，是蜗牛活动的时间。有很多蜗牛在下雨前就出现，当我们看到树上、叶上或草地上有蜗牛大量出现的时候，就可以断定天快要下雨了。

蜗牛为什么有壳?

↑ 新鲜的叶子是蜗牛最爱的食物

　　这是为了保护自己。蜗牛的壳非常坚硬,它是蜗牛的保护器官。据说有一次,一个人看见蜗牛顶着厚重的壳艰难爬行,就好心替它把壳去掉,让它轻装上阵,结果,蜗牛很快就死了。

　　壳主要的功能是保护柔软的身体与内脏。蜗牛生活在壳里,它的心、肺和所有的重要器官都在这里面。壳就像蜗牛永久居住的房子,干旱的季节,蜗牛就把壳封闭起来;到了秋天,蜗牛就躲到安全的地方,再把壳口封闭起来,并且尽量加厚,这样才能抵抗寒冷,度过冬天。它的壳不但可以遮风避雨,躲避敌害,还可以避免体内水分过度散失。

　　壳是蜗牛的重要特征与构造,每种蜗牛的壳都长得不一样,有不同的大小、形状、构造与颜色,根据壳可以判断蜗牛的种类。

> **关于蜗牛……**
> 　　蜗牛是世界上牙齿最多的动物。虽然它的嘴大小和针尖差不多,但是却有两万多颗牙齿! 如果将蜗牛的牙齿放到显微镜下,我们可以发现它不仅尖锐,而且边缘还带有小锯齿。

> 壳就像蜗牛永久居住的房子,不但可以遮风避雨,躲避敌害,更可以避免体内水分过度散失。无论走到哪里,蜗牛都会背着它。

大熊猫妈妈要把孩子养育一年或更长的时间，当它认为孩子完全可以活下来后，才放心让宝宝独立生活。

熊猫真的会遗弃幼仔吗？

因为熊猫的生存方式很特别，因此母熊猫一次只养一只幼仔。如果生下的是双胞胎，母熊猫只抚育其中的一只幼仔（通常是第一只），而放弃另一只。等幼仔长到一定年龄后，母熊猫会离开它外出觅食。在秦岭，一只母熊猫在幼仔2月龄时离开它48小时，另一只母熊猫曾离开10月龄的幼仔52小时。之后，两只母熊猫都重新回到自己幼仔的身边，并没有遗弃它们。

关于大熊猫……

大熊猫虽然平时动作迟缓，但遇到敌人时，却能飞快地爬上大树。除交配季节外，大熊猫通常是独居的。每一个熊猫都有自己的领地，其活动范围大约为2.5平方千米。

熊猫幼仔刚生下来时很小，熊猫妈妈有时只能把它们捧在手上，寸步不离，甚至不吃不喝。

大象怕老鼠吗?

有这样一个故事,是说大象虽是陆地上最大的动物,但是却最怕小小的老鼠,因为老鼠会钻进它的鼻孔里使它难受。如此说来,大象不只害怕老鼠,还会害怕别的小动物,因为这些小动物会钻进大象的身体里。实际上,这样的机会可以说没有。因为大象和老鼠等小动物的生活习性不相同,不大可能生活在一起,因此也不会发生冲突。而且面对庞大的大象,小动物第一个举动就是逃跑,它们根本就不会用这种"聪明"的办法来制伏大象。

大象是一种机警的动物,即使有小动物不小心钻进大象鼻孔,它也会立刻察觉。大象在自然界几乎没有天敌,也很少攻击其他动物。

⬆ 亚洲象的鼻子是动物中最长的

⬆ 老鼠的警觉性很高,一有风吹草动,它们就会迅速找个地方躲起来。

鼻子

大象是庞然大物,睡觉时应该不用害怕遭到别的动物的袭击了。然而,大象的鼻子却十分娇嫩,最怕蚊子和蚂蚁等动物钻进去捣乱,因此非洲象通常都是站着或靠着树睡觉,以确保大鼻子的安全。然而亚洲象却相反,它们的睡姿同猪差不多。如果发现有亚洲象站着睡觉,那肯定是它感觉身体不舒服了。

↘ 大象的长鼻子

↑ 企鹅是南极的象征，登上南极大陆，首先看到的就是成群结队的企鹅。

为什么北极熊的毛是白的，而企鹅的毛却是黑的？

因为北极熊生活在岸上，身体的颜色与冰天雪地的颜色一致，容易抓到猎物。而企鹅大部分时间生活在水里，背部是黑色的，

才不会让岸上或天空的敌人发现。但仔细一观察，会发现企鹅的正面也是白色的，这是为了迷惑水下的动物。因为水下动物向上看时，水面是白色的。

其实北极熊的毛并不是白色，而是无色中空、半透明的，这种毛发就像光导纤维一样，可以把光导入到身体中，从而有效地利用太阳能。这种结构能很好地吸收太阳光线和热能，起到保温作用。另外，当北极熊行走在冰天雪地时，无色透明的皮毛还是很好的保护色，防止被猎物或敌人发现。

归根结底，这一切都是进化的结果。

关于北极熊……

北极熊是北极地区最大的食肉动物，也是本地区无可争议的霸主，就是在北极以外的地区，恐怕这个庞然大物也鲜有对手。它一生中的大部分时光是在浮冰上度过的，当冰块融化时，会转移到陆地上生活一段日子。

为什么企鹅生活在南极而不是北极？

南太平洋中寒暖交汇的洋流、海水中大量的食物和营养物质为企鹅生存提供了优越的条件，还有冰雪高原形成的天然屏障，阻断了动物向南迁移之路，使企鹅在这里很少受到捕食者的袭击。南极最大的危险是暴风雪。对于企鹅来说，南极已成为了它们最安全的生息之地。

古生物学研究结果表明，早在5000万年前的第三纪早期就已经出现了企鹅，而且发现北极也曾有企鹅生活过，因为在北极地区找到了一种已经灭绝了的鸟类骨骼，被称为"大企鹅"。

这种"大企鹅"身体高60厘米左右，头部为棕色，背部的羽毛呈黑色，腹部雪白。"大企鹅"的防御能力很差，在与哺乳动物的生存竞争中惨败，被大量吞食。其后，随着探险家和移民的到来，"大企鹅"遭到大规模捕杀，直至灭绝。

⬆ 南极帝企鹅用歌声向同伴打招呼

⬅ 企鹅总是成群结队地活动，当它们向其他地方迁徙，或者去海洋里捕食，总是组成庞大的队伍，看起来十分壮观。

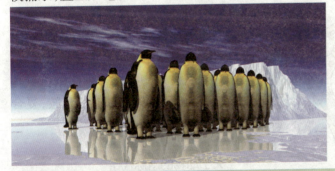

不会飞的鸟

企鹅是海洋鸟类，在企鹅的一生中，生活在海里和陆上的时间约各占一半。企鹅不会飞，但会游泳，游泳的速度十分惊人。企鹅跳水的本领可与世界跳水冠军相媲美，它能跳出水面2米多高，并能从冰山或冰上腾空而起，跃入水中，潜入水底。为了适应寒冷的冰雪生活，企鹅的羽柄短而宽，羽毛又细又密，呈鳞片状。这些羽毛重叠起来，不但风吹不进，海水也浸不透，同时，企鹅的皮下脂肪层也特别厚，这对维持体温提供了很好的保证。

为什么吃火鸡会犯困？

不只吃过火鸡会犯困，吃任何东西以后都会。尽管吃东西的时候，人能够从食物中获得新的能量，但在消化食物的过程中，同样需要消耗人体许多能量。这种不断同外界环境进行物质和能量的交换过程，就是新陈代谢。而当肠道进行消化活动时，人体的新陈代谢率会上升。

吃饭的时候，胃开始放松，来盛装食物。吃完饭以后，胃开始有节奏地收缩，分泌酸和胃液，将食物分解为直径不到 0.1 毫米的小颗粒。一般来说，食物会在胃里停留三四个小时，然后进入小肠。荷尔蒙与许多不同的酶开始致力于将这些 0.1 毫米的碎块分解为更小的颗粒，以便身体吸收。大部分人的午餐会在小肠里停留一两个小时，之后，剩余物逐渐转移到大肠，在大肠里，水分已经被吸入体内，只剩下废物，这些东西最终要从肛门排出。

消化过程中还会释放一种叫作胆囊收缩素的内分泌素，简称 CCK。饭后觉得很饱便是 CCK 在起作用，它还会刺激脑部一些与睡眠相关的区域，因此人会感到困倦。

我们必须从食物中摄取一种叫做色氨基酸的物质，它会被转换为脑部的复合胺，复合胺也会令你昏昏欲睡。

⬆ 火鸡也会开屏，只不过它的尾巴远没有孔雀的漂亮。

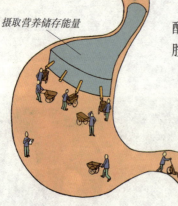

食物提供化学能量

摄取营养储存能量

排泄废物释放能量

> **关于动物的新陈代谢……**
>
> 动物的新陈代谢率都不一样，这取决于它们进食的次数和数量。哺乳动物饭后的新陈代谢率为 25%～50%，鱼的新陈代谢率为 60%～160%，巨蟒的新陈代谢率则高达 1700%～4500%。

和其他鸟相比，火鸡的脑袋为什么那么丑？

动物的长相并不是为我们人类的审美而设计的，就像火鸡丑陋的头一样，它是经过很多年进化的结果。动物的进化并不只是为了美丑，而是为了能够更好地

↑ 火鸡的颜色也是多变的，有白色的和褐色的，这只就是白色的火鸡。

↑ 火鸡的尾羽发达，兴奋时则展成扇形。

生存下去。很遗憾，火鸡选择了这种在人类看来比较丑的方式，不过它要是不选择这种方式可能就进化成孔雀了，总之每一个物种的生存都有它的必然性。

要知道，火鸡发怒的时候，脑袋上的皮瘤会变红，用来恐吓对方，因此，这种丑陋的外表起码是对敌人的一种恐吓。其实许多凶猛的动物，虽然有斑斓的外表，也是为了告诉对方，"我可不是好惹的！"

在鸟类当中，疣鼻鸭的长相也很吓人，不知道它们的祖先进化时和火鸡的祖先是不是商量过。

↑ 食火鸡

火鸡又叫吐绶鸡、七面鸡、七面鸟。外貌独特，体躯高大、雄壮。头、颈裸露，鼻孔上部长有肉锥，头顶生皮瘤，可伸缩自如，因此被称作吐绶鸡。皮瘤一般为浅蓝色，激动时肉锥会变小，皮瘤变成赤红色。颈部生有珊瑚状皮瘤，常因情绪激动变成红、蓝、紫、白等多种色彩，所以又称七面鸟、七面鸡。不同品种的火鸡体躯大小和羽毛颜色也不相同，雄鸡胸前有须毛束，尾羽发达，兴奋时则展成扇形。

火鸡的特征

⤷ 火鸡头上布满红色肉瘤，是为了吸引异性的注意。

为什么干旱时会闹蝗灾？

↑ 蝗虫的身体较大，呈绿色或黄褐色，体表还包有一层坚硬的外壳。蝗虫后腿粗壮，善于跳跃。它是农业害虫，因此，人们把蝗虫称为"农作物天敌"。

人们很早就注意到蝗灾往往和严重的旱灾相伴而生。这是因为蝗虫是一种喜欢温暖干燥的昆虫，干旱的环境对它们繁殖、生长发育和存活大有好处。而且蝗虫爱将卵产在土壤中，土壤比较坚实，含水量在10%～20%时最适合它们产卵。

干旱使蝗虫大量繁殖，迅速生长，进而酿成灾害。这有两方面原因，一方面，在干旱年份，由于水位下降，土壤含水量降低，变得比较坚实，且地面植被稀疏，蝗虫产卵数大为增加，多的时候可达每平方米土地中产4000个～5000个卵块，每个卵块中有50粒～80粒卵，这样每平方米土地中有20万～40万粒卵。同时在干旱年份，河、湖等水域面积缩小，低洼地裸露，也为蝗虫提供了更多适合产卵的场所。另一方面，干旱环境生长的植物含水量较低，蝗虫以此为食，生长得快，而且生殖力较高。

相反，多雨和阴湿环境对蝗虫的繁衍有许多不利影响。蝗虫取食的植物如果含水量高，会延迟蝗虫生长和降低生殖力；多雨阴湿的环境还会使蝗虫流行疾病，而且雨雪还能直接杀灭蝗虫卵。另外，蛙类等天敌增加，也会增加蝗虫的死亡率。

← 螽斯看起来很像蝗虫，它们并不是蝗虫，大多生活在绿草丛中。

蝗灾与气候有什么关系？

　　每一种动物要生存，都离不开合适的气候，蝗虫也是如此。科学家发现，温暖和干燥的气候是蝗虫最喜欢的。如果气温偏高，也有利于飞蝗的繁殖。在全球气候趋暖的大背景下，持续的暖冬天气，对蝗卵的安全越冬十分有利；春季干暖气候也利于蝗卵的孵化，蝗卵发育速度加快。据调查，近几年蝗卵冬季死亡率一般在 13% ~ 15% 之间，低于常年几个百分点，发育时间也有所提前，导致蝗虫世代增加和北移，是蝗虫的危害期延长。

🔺 蝗虫绿色的外表可以起到保护作用

关于臭蜻……

　　绝大多数的蜻象都会从臭腺里释放臭气，因此通常被人们称之为臭蜻，民间俗称"放屁虫"，是一种危害苹果的害虫。臭蜻的体形有蟑螂那么大，体态扁平，有许多种颜色，非常漂亮。数量很多，容易捕获。

🔻 蜻象散发出的臭味来自发达的臭腺，可以吓走天敌。

贪吃的蝗虫

　　蝗虫种类很多，仅在我国就有三百余种，常见的有飞蝗、稻蝗、竹蝗、意大利蝗、蔗蝗和棉蝗等，均为重要的农林害虫。蝗虫的食量很大，一眨眼的功夫就能把绿油油的庄稼啃得光秃秃的。它们食性很杂，一旦大面积发生蝗灾，遮天蔽日，薄薄的翅膀高频率震动着空气，引起的噪音像飞机轰鸣，落地后，庄稼、杂草甚至连树皮都被吃光。

🔻 蝗虫是一种对农业危害很大的害虫，尤其是发生蝗灾的时候，经常会造成庄稼颗粒无收。

啄木鸟为什么啄树?

在树林里,有时会听到"笃、笃、笃"的响声。如果你蹑手蹑脚、屏住呼吸上前去,就会发现这是"森林医生"啄木鸟在"工作"。啄木鸟长着一把天生的"手术刀"——也就是像钢凿一样的嘴壳,它世代相传,以食虫为生。当它停落在树上时,就举起"手术刀"东敲敲、西啄啄,从敲击树干的声音中,得知害虫潜伏的地方,然后在树上啄一个小洞,把细长的舌头伸进去,利用上面的黏液和小钩,将虫子钩出来吃掉。害虫虽然隐藏在树干深处,一旦被啄木鸟发现,便休想逃命。

根据调查和研究,啄木鸟勤勤恳恳,从不懒惰,每天都要敲打树干许多次。近年来,有人通过高速摄影测算出,啄木鸟啄树的冲击速度是每小时 2092 千米;当啄木鸟的头部从树上弹回来时,它减速的冲击力也大得惊人。

↑ *啄木鸟以树洞为巢穴*

关于啄木鸟……

啄木鸟凿树时会产生许多木屑,这些木屑有时可以飞落到周围 10 米的地方。为了避免眼睛和身体受到伤害,啄木鸟的眼睛下方长有长长的细毛,这些细毛就像我们人类的眼睫毛一样,起到了很好的保护作用。

啄木鸟为什么不得脑震荡？

据科学家测定，啄木鸟在啄食时，头部摆动的速度比时速 55 千米的汽车还要快 37 倍。它啄木的频率达到每秒 15 次 ~ 16 次。由于啄食速度快，啄木鸟在啄木时头部所受冲击力等于所受重力的 1000 倍，相当于人乘火箭起飞所受压力的 250 倍，如果人的脑袋受这么大力的冲击，早已经头晕目眩了，啄木鸟为什么不得脑震荡呢？

原来，啄木鸟的头骨十分坚固，其大脑周围有一层海绵状骨骼，内含液体，能抵消很大一部分外力。它的脑壳周围还长满了具有减震作用的肌肉，能把喙尖和头部始终保持在一条直线上，使其在啄木头时头部严格地进行直线运动。假如啄木鸟在啄木头时头稍微一歪，这个旋转动作加上啄木的冲击力，就会把它的脑子震坏。正因为啄木鸟的喙尖和头部始终保持在一条直线上，因此，尽管它每天啄木不止，也能常年承受得起如此强大的震动。

↑ 啄木鸟还把捉到的虫子给自己的孩子带回去，让它们熟悉虫子的气味，为将来成为一位"森林医生"做准备。

↑ 啄木鸟除了捉虫，还会在树干上凿出不同形状的洞，这些洞可是啄木鸟自己的巢穴。

↑ 啄木鸟不仅为树木捕虫，还可以为其他植物除虫，比如这只啄木鸟就在捕捉仙人掌上的虫子。

啄木鸟

全世界大约有 180 种啄木鸟，它们会从树木中啄出昆虫，还会在死掉的树干中啄洞筑巢，因而很出名。除了澳大利亚外，啄木鸟遍布世界各地。

啄木鸟的喙尖很锋利，可以啄开厚厚的树干，它的舌头最长可达 15 厘米，而且顶端还长有钩状刺，这些特别的构造，使它能够轻而易举地啄食到树木中的害虫。在众多种类的啄木鸟中，大斑啄木鸟是最为常见的一种。它身长约 20 多厘米，披着一身黑白相间的外衣，尾巴的羽毛通常像针一样坚硬。

↑ 鹦鹉不仅会学舌，还会展翅高飞。

鹦鹉为什么会说话？

动物一般都有模仿能力，特别是模仿能力比较高级一些的鸣禽，还能模仿不同的声音，并且与它们所模仿的声音条件、地点、时间及不同的个体有关。它们甚至能学人说话，特别是鹦鹉，可以说是十分聪明的。

鹦鹉学舌时，它只是把你教它的话的音调和现场场景(或手势)当成一种符号去记忆。当它下次再见到同样的场景或手势时，它会发出同样对应的音响符号，以至于有的人以为鹦鹉真的会说话。

曾有人训练鹦鹉时，把敲门与"请进来"二者的声音联系在一起刺激鹦鹉，鹦鹉便把这些信号储存起来，经过反复刺激，就会形成条件反射。因此只要当它听到敲门声，接着就会大喊："请进来。"但有时外面在敲木板，它也会大喊："请进来。"由此可见，如果说这就是鹦鹉在讲话，那就不确切了。因为人类的讲话是从后天中学得的，而鸟类的生活姿态、鸣叫、表情基本上都是一致的，从先天而得。它们会学舌，也只有在饲养的情况下，经人教和训练才能学会，而且还是无意识的。

↓ 鹦鹉的喙弯曲有勾，腿较短。它们的脚掌前后有双趾，走起路来样子很怪，但爬起树来却是行家。

为什么犀鸟的嘴看起来那么重，却不影响飞行？

↑ 犀鸟的头部看起来很大，但是并没有那么重。

犀鸟是一种珍贵而漂亮的大鸟，它们中的大部分生活在东南亚茂密的热带雨林和非洲草原上。它们的嘴巴看起来很笨拙，实际上却非常灵巧。犀鸟的眼上长有睫毛，这是其他鸟类所没有的。

犀鸟的盔突看上去很大、很重，其实不然，它的内部是由空的骨头组成的，足够硬但又很轻。犀鸟做任何事都不会受到嘴上盔突的影响，即使做长距离的飞行也毫不逊色。为什么鸟在飞的时候，翅膀不会觉得累？

我想说的是，没有人能够知道鸟飞的时候到底累不累，因为它们没法告诉我们。但我猜有时候它们也会觉得累吧。

鸟在空中飞行时，一般速度都不是很快，远距离的迁徙更不用说了，因此，这样有规律地慢飞不会令它们的翅膀感到累。

而且，如果你注意观察的话，就会看到，有些大鸟在空中翱翔时，并不用拍打翅膀。

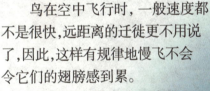

关于犀鸟……
　　犀鸟有一种习性，当它们失去伴侣时，就不吃不喝，在空中不断地鸣叫，不停地飞，直到最后活活饿死或累死。因此，人们将犀鸟叫作"多情鸟"。

为什么喜鹊可以在地上行走，而麻雀只能跳？

一般的鸟类如喜鹊等都能用它们的后肢在地上行走，但是，麻雀在平地上却没有行走能力，而只会依靠双腿一起做快速频繁的跳跃运动。

这是因为麻雀的两肢较短，由股部、胫部、跗部和趾部等部分组成，整个后肢肌肉都分布在股部和胫部，其他部位则全是肌腱。这些肌腱贯穿至趾端，能控制足趾的弯曲，使麻雀能握紧树枝安稳地生活。但是，麻雀后肢的胫部跗骨和跗部趾骨之间却没有关节白，因而胫骨和跗骨之间的关节不能弯曲，这就使麻雀没有能力在平地上行走，而只能快速频繁地跳跃。

⬆ 大部分较小的鸟类都只能跳跃，像这只主红雀，它们不是在飞行，就是站在枝头，不需要学会行走。

⬆ 麻雀两肢短小，不能在平地上行走，只能蹦蹦跳跳。

关于麻雀……

麻雀很常见，它头圆，尾短，羽毛是斑杂的栗褐色，翅膀短小，不能远飞，善于跳跃。无论乡村还是城市，到处都跳动着它们小小的身影。麻雀栖息于人类经常活动的地方，是生命力最顽强的鸟类。它们平日对"家"的概念模糊，仅在孵化期才在房檐下或建筑物的裂缝处搭一个简单、零乱而松散的巢。雏鸟出窝后，巢也就弃之不用了。

为什么乌鸦代表不吉利？

乌鸦其实是鸟类中智商很高的一种鸟，它的嗅觉特别灵敏，人或畜还没有死，但是他(它)身上已经散发出一种特殊的气味，于是乌鸦就跟踪这种气味而来。因此常常被人们误解，认为是乌鸦的到来，才造成死亡事件的产生。实际上是死亡事件将要发生之前，乌鸦已经感觉到了，是人们冤枉了它。再加上乌鸦浑身黑色，其貌不扬，叫声又不悦耳，因此难以讨人喜欢。

⬆ 喜鹊被认为是一种能够带来好运的鸟

关于喜鹊……

鸟巢并不是鸟的家，鸟类只有在繁殖期间才到鸟巢中产卵、孵卵、育雏，繁殖期一过就离开巢穴。有的鸟在下一繁殖期可能再回到巢中进行繁殖。所以冬天的喜鹊窝里是看不到喜鹊的。

⬅ 乌鸦是长寿的鸟，它的寿命和大象的寿命大致相同。

喜鹊是雀形目鸦科鹊属的一种，又名鹊。除中、南美洲与大洋洲外，几乎遍布世界各大陆。喜鹊外形与乌鸦相似，但尾巴很长。体长 435 毫米～460 毫米。除腹部及肩部外，通体黑色并发蓝绿色的金属光泽；翅短圆；尾翅长，呈楔形；嘴、腿、脚纯黑色。雌雄羽色相似。幼鸟羽色似成鸟，但黑羽部分染有褐色，金属光泽也不显著。除秋季结成小群外，全年大多成对生活。鸣声宏亮。喜鹊的食性很杂，繁殖期捕食蝗虫、蝼蛄、地老虎、金龟甲、蛾类幼虫以及蛙类等小型动物，也盗食其他鸟类的卵和雏鸟，还会吃瓜果、谷物、植物种子等。

喜
鹊

⬆ 在澳洲，喜鹊是一种十分常见的鸟类。

大猩猩

大猩猩为什么喜欢捶胸?

　　在动物园里,大家会看到大猩猩用两只手拍着胸膛来回转悠。野生的大猩猩也时常有这样的举动。这是怎么回事呢?

　　其实,这是大猩猩的习性。大猩猩的这种举动是一种示威动作,是在向对方展示自己的力量,当有别的动物在场特别是敌对的动物在场时,它多半会有这种举动。灵长目的动物中,黑猩猩也有这种拍胸的习性,但猩猩和长臂猿却没有发现有类似的举动。另外,如果动物园的游客做出了什么在它看来不顺眼的事情时,它也会有这种举动,而且还会龇牙咧嘴,怒气冲冲地走过来,所以在动物园,千万不要惹大猩猩发怒。

关于灵长类动物……

　　灵长类动物是和我们人类最近似的一种动物,灵长类的猿类是眼睛在脸的前面,视觉敏锐,但嗅觉都不怎么好,灵长类动物四肢会抓握,并且和我们人类一样,都有 5 个趾头。

为什么猴子没有眼白？猴子和猿有什么区别？

↑ 金丝猴是我国特有的珍稀动物，它们的眼睛中看不到眼白。

其实，在灵长类动物中，除了人类的眼睛黑白分明外，其他动物的眼睛都和猴子、黑猩猩一样看不到眼白部分。当然，它们并非没有眼白，只是眼白呈茶褐色，很难与眼黑区分开来罢了。科学家们研究后认为，这是为了伪装和隐蔽视线，才让自己的眼睛戴上一副"大墨镜"的。在捕猎过程中，如果捕猎者明显暴露出自己的视线，就会引起猎物警觉，失去狩猎的大好机会；而当它遭到别的动物追捕时，看不分明的视线则有可能让敌人产生"对方或许已有警觉"的错觉，从而使自己逃过一劫。

猿可以分为三类：长臂猿、大猩猩和黑猩猩。猿和猴子的区别在于，猿比猴子聪明，而且猿天生没有长尾巴。

↑ 这是一群正在迁徙的狒狒，它们生活在非洲热带丛林和草原交接处。

← 有一些猴子的瞳孔和眼珠其他部分有区别，不过这些地方不是白色，而是其他颜色，比如黄褐色。

红屁股

并不是所有的猴子屁股都是红的。猴子身体里有很多血管，血液通过血管流到身体不同的部位，猴子屁股上的血管特别多，血液的颜色显露出来，于是，猴子的屁股就变成红色的了。另一个原因是，在进化过程中，一部分种类的猴子由于"坐"的动作越来越多，渐渐地臀部的毛就退化了，这样，臀部丰富的毛细血管的颜色就显现出来，看起来就是红的了。

→ 狒狒的红屁股

雄海马怎么生小海马?

↑ 海马的样子看起来十分古怪，但是不用怀疑，它们是一种鱼。

　　毫无疑问，雄海马从来不会和它的孩子玩接球游戏或帮助孩子做家庭作业，但有一点确实和其他动物不太一样：雄海马承担了"怀孕"直至让儿女出生的这项任务。这些奇怪而非常有趣的鱼类生活在全世界热带和温带的海域中，因具有这个独一无二的特点而备受关注。

　　雄海马的腹部有个育儿袋，一次可以容纳2000只小海马，一次怀孕要经历10天~25天，因海马种类不同而异。繁殖过程开始时，雌、雄海马像往常一样在黎明前跳舞，将尾巴交织在一起游泳。最后，它们开始了真正的求婚舞蹈，这一过程可持续8小时。结果是雌海马将卵产入雄海马的育儿袋中。

　　受精卵在育儿袋中孵化。父亲照料小海马的生长发育，为了让小海马适应海水中的生活而调节育儿袋中水的盐分。当小海马准备出生时，雄海马就收缩肌肉将小海马(即鱼苗)从育儿袋中"赶"出来。海马爸爸会游到1.6千米之外去生孩子，但小海马出生后父母不会给极其幼小的儿女们任何照看或保护。

← 生活在澳洲的叶海马，极具伪装术，身体好似马尾藻一样，在海水中缓缓飘荡，使对手极难辨别。

海豚为什么爱救人？海豚能看见蓝色吗？

　　有人认为这是海豚的习性，也可以说是一种本能。如果注意观察的话，就会发现海豚喜欢用嘴去推动漂浮在水中的东西，这种习性使它无意识地成了海中遇险者的救生员。

⬆ *海豚不仅聪明伶俐，还非常热心，是海洋中的救生员。*

　　也有人不这样看，他们说海豚是有思维的，它们救人是一种有意识的行为，就像它们奋不顾身去救援受到威胁的同伴一样。

　　海豚虽然生活在深蓝的海洋中，但奇怪的是，它们却没有辨认蓝颜色的能力。曾经有人做过实验，发现海豹对蓝颜色没有反应。于是，他们又对别的海洋动物（比如海豚和鲸鱼）做了相似的实验，结果发现，海豚和鲸鱼同样不能辨认蓝色。

　　海豚虽然不能看见蓝色，但是在黑暗的水底，它们的视力却非常好，这是因为海豚眼睛里的杆状细胞是人眼的 7000 倍。

关于海豚……

　　海豚属于哺乳纲，鲸目和齿鲸亚目，海豚科，通称海豚，共有 62 种，分布于世界各大洋。海豚游泳本领非常高超，最高时速可达 46 千米，最令人称绝的是它能潜入深海几百米，滞留几分钟。

　　海豚是一种本领超群、聪明伶俐的海中哺乳动物。经过训练，能打乒乓球、跳火圈等。海豚在所有动物中智商奇高，比狸猫、猴子还聪明，有些技艺，猴子要经过几百次训练才能学会，而海豚只需二十几次就能学会。

↑ 各种羽毛

鸵鸟为什么不能飞翔?

鸵鸟是现存体型最大的鸟类,体重有 100 多千克,身高达 2 米多。要把这么沉的身体升到空中,确实是一件难事,因此,鸵鸟的庞大身躯是阻碍它飞翔的第一个原因。

鸵鸟的飞翔器官与其他鸟类不同,这是使它不能飞翔的另一个原因。鸟类的飞翔器官主要由前肢变成的翅膀、羽毛等,羽毛中真正有飞翔功能的是飞羽和尾羽,飞羽是长在翅膀上的,尾羽长在尾部,这种羽毛由许多细长的羽枝构成,各羽枝又密生着成排的羽小枝,羽小枝上有钩,把各羽枝钩结起来,形成羽片,羽片扇动空气而使鸟类腾空飞起。生在尾部的尾羽也可由羽钩连成羽片,在飞翔中起舵的作用。

为了使鸟类的飞翔器官保持正常功能,它们还有一个尾脂腺,用它分泌油脂以保护羽毛不变形。鸵鸟的羽毛既无飞羽也无尾羽,更无羽毛保养器——尾脂腺,它的飞翔器官高度退化,想要飞起来谈何容易。

关于鸵鸟……

鸵鸟是最大的鸟类,它的祖先经过长期演变,胸骨变小,翅膀退化,后肢善于奔跑,成为现在只会奔跑的样子。鸵鸟不论是雄是雌,脖子都是半裸露的。它们的脖子上生着稀疏的绒羽。鸵鸟的头跟硕大的身体相比显得极小,嘴很短,又扁又宽,但眼睛很大,透出机警的神情。

丹顶鹤为什么要单腿站立?

　　丹顶鹤披着一身洁白的羽毛,羽毛能帮助它保持身体的温度。但是它的腿和脚却不长毛,体内的热量很容易从腿脚散失,为了减少热量散失,丹顶鹤休息时经常抬起一只脚,藏在羽毛下面。

　　另外,单腿站立也是一种休息姿势,如果卧下来,就看不到远处,不容易发现敌害,而且起飞会慢。因此,它们通过换腿支撑身体进行休息。

　　实际上,很多鸟休息的时候都是两两聚在一起,左边的鸟睁左眼,右边的鸟睁右眼,靠在一起,随时保持警惕。

⬆ 丹顶鹤鸣声响亮,飞翔力强。常涉于近水浅滩,取食鱼、虫、甲壳类以及蛙类等,兼食水草和谷类。

⬅ 丹顶鹤头上有宝石一样的一点丹红,并由此得名。

丹顶鹤

　　丹顶鹤属于鹤科,是中国的一级保护动物,世界珍禽,寿命长达 60 年,因此又称"仙鹤"。分布于黑龙江、吉林、辽宁、长江中下游、台湾等地,还分布于俄罗斯、日本、朝鲜。

　　它们全长约 120 厘米,体羽几乎全为纯白色,头顶裸出部分鲜红色,额和眼微具黑羽,喉、颊和颈大部为暗褐色,次级和三级飞羽黑色,延长弯曲呈弓状,尾羽短,呈白色。嘴灰绿色,脚灰黑色。

　　丹顶鹤栖息于开阔平原、沼泽、湖泊、海滩及近水滩涂,以鱼、虾、水生昆虫、软体动物、蝌蚪及水生植物的叶、茎、块根、球茎、果实等为食。它们非常机警,活动或休息时均有一只鸟做哨兵。

梅花鹿的斑纹为什么在夏天才能看得见？

↑ 雌鹿头上无角。雄鹿在两岁时开始长角，而且每年增加一个分叉，五岁后才停止分叉，角长可达80多厘米。

　　哺乳动物的毛不是终生不变的，有的一年换一次毛，而大多数一年换两次，一般为春季和秋季。这些动物在自然界的长期生活中，它们的毛会产生与周围环境相适应的保护色。在色彩鲜艳的夏天，它们的毛色会随之加深；冬天，自然色彩较淡，它们的毛色也显得淡些。而且夏天天气炎热，动物的毛被稀而薄；冬天寒冷，它们的毛被就厚而密。

　　梅花鹿一年换两次毛，当从冬毛换成夏毛时，在身体上有一部分毛是白色的，而且全身的毛较薄，由这些白色毛构成的斑就特别明显，因此，就能清楚地看到它身上的白色花斑。

　　到了冬天，梅花鹿从夏毛换成冬毛，一方面整个毛底色浅，另一方面白色毛变少，毛被又厚又密，把花斑遮盖住，所以，在冬天斑点便不显著，也就不容易看出来了。

↖ 夏季的体毛以红色为底，上面整齐地排列着白色的圆斑，非常美丽；到了冬季，白斑逐渐褪去，体毛也以红色为底转换为褐色。

鸟儿为什么常舔羽毛？鸟儿为什么掉羽毛？

　　鸟类用嘴舔自己的羽毛，主要有两个作用：一是把羽毛上的脏东西去掉；二是加强羽毛的防水作用。

　　雏鸟通常都会花很多时间去舔自己的羽毛。长大后，这种习惯还是不改。在鸟类的胃里储存有一种油脂，这种油脂可以转化为维生素 D。它们舔羽毛的时候，会把一些油脂抹在羽毛上。鸟类舔羽毛的工作是在水中进行的，这样可以保持羽毛干净。

　　鸟儿掉羽毛有几种原因：一是由于季节变化，它为了适应气候的变化，需要换毛，就会掉毛；另外，羽毛被风吹雨打，出现损坏，就必然会有所脱落，重新长出新的羽毛来。

↑ 鸟类的羽毛非常有用，它们可以起到保护、保暖、装饰、飞行和挡水的作用。

↑ 火烈鸟用嘴梳理身上的羽毛

火烈鸟

　　火烈鸟又叫红鹳，目前全世界共有三属：大火烈鸟、小火烈鸟和阿根廷火烈鸟。火烈鸟主要分布于南美的秘鲁、智利、阿根廷、中美和非洲部分地区。它们与水有着不解之缘，通常选在三面环水的半岛上筑巢而居，巢是用潮湿的泥灰一层一层堆起来的。火烈鸟十分性急，等不及泥干，就搬到新居里居住了。

　　火烈鸟群体飞行时，玫瑰色的羽毛与阳光相辉映，有如晚霞蔽空，壮丽无比，在带头鸟转移方向时，好像一片烈焰在天际扩展延伸，这就是它得名的原因。

珊瑚是植物还是动物?

↑ 树枝形状的珊瑚

↑ 珊瑚虫附着在珊瑚的顶端, 当它们死后, 骨骼积累下来, 就会形成美丽的珊瑚。

珊瑚的形状像树枝, 所以很多人都认为珊瑚是植物, 其实它是一种低等动物。珊瑚属于只有内外两个胚层的腔肠动物, 它只有一个口, 食物从此进去, 没有消化的残渣也由此排出。口的周围生了很多触手, 触手可以捕捉食物, 也可以通过振动使水流入口及腔肠中, 消化水中的小生物。珊瑚喜欢生活在水流快、温度高又比较清净的浅海地区。大多数珊瑚都可以出芽生殖, 这些芽体并不分开, 最后成为一个相互连接, 共同生活的群体, 这是珊瑚形成树枝形的主要原因。珊瑚的每个单位, 我们叫它珊瑚虫。我们通常所见的珊瑚就是这些珊瑚虫死后留下的骨骼。

珊瑚虫由许多细胞组成, 它会利用摆动的触手, 捕抓海水中的小型浮游动物来当做食物, 但因为身体无法移动, 必须依靠水流将浮游动物带到身体附近来。所以, 水流强劲的海域通常也是珊瑚生长良好的区域。

在海底世界, 珊瑚礁享有"海洋中的热带雨林"和"海上长城"等美誉, 被认为是地球上最古老、最多姿多彩、也是最珍贵的生态系统之一。珊瑚礁在全球海洋中所占面积虽不足 0.25%, 但超过 1/4 的已知海洋鱼类靠珊瑚礁生活, 并相互依存。

↑ 红海珊

关于珊瑚……

珊瑚美丽的颜色来自体内的共生海藻, 珊瑚依赖体内的微型共生海藻生存, 海藻通过光合作用向珊瑚提供能量。如果共生海藻离开或死亡, 珊瑚就会变白, 最终因失去营养供应而死。

海葵为什么时开时合？

　　海葵长得像一朵葵花，那些"花瓣"是海葵的触手，当它用触手把食物往嘴里送时，海葵的触手就合上了。等食物吃完了，触手又会张开。不过，当海水退潮，海葵露出水面或受到敌人攻击时，它也会把身子合起来的。

　　海葵的外表很像植物，其实却是动物，它们没有骨骼，在分类学上属腔肠动物。由于外观很像生机勃勃的向日葵，因而得名，被人称为"海底鲜花"和"会开花的动物"。

⬆ 海葵的颜色依所在环境而变，绿色的海葵在较深处，这样可以找到更多的猎物。

⬆ 海葵长长的触手看起来随波漂浮，实际上是在寻找猎物。

⬆ 小丑鱼是海葵的好伙伴，它们互相帮助，共同生存。

珊瑚

　　珊瑚向来被人们视为天然的艺术珍品，它们玲珑剔透，五光十色，有的呈鹿角状，有的呈树枝状，有的呈宝塔状，有的呈灯台状……真是千姿百态。如果你潜入海底，就会看到更加奇妙的景象：一簇簇珊瑚，犹如茂密的丛林，又似盛开的鲜花，"花儿"飘飘摇摇，缓缓地舒展开无数的"花瓣"，简直美不胜收。

　　珊瑚的外观如同植物，而美丽的珊瑚礁看上去更像一个色彩绚丽的花园。它的颜色鲜艳明亮，样子又与灌木丛一般，上面甚至还寄居有黑蛞蝓和蜗牛。但实际上珊瑚却是地地道道的动物，与海葵同属腔肠动物中的花虫类。

 小丑鱼为什么不怕海葵?

小丑鱼在海葵中游动,可以引诱其他的小鱼上钩。海葵在捕捉到猎物饱餐之后,小丑鱼就可以捡食残渣。

关于小丑鱼……

小丑鱼也称海葵鱼,因为依附海葵生活而得名。小丑鱼的体色艳丽,身形娇小,它们常在海葵聚集的地方游弋,毫不在意地在那些有毒的触手中间穿行。而且,小丑鱼在海葵中游动,可以引诱其他的小鱼上钩,成为海葵的猎物。海葵一顿饱餐后,剩下的一些残渣,就归小丑鱼了。小丑鱼与海葵之间形成了相互依存的共生关系。

小丑鱼总爱在珊瑚礁间和海葵身边游来游去,或是在海葵身上和触手间蹭来蹭去。这是因为小丑鱼缺乏抵抗天敌的能力,只能躲在珊瑚礁和海葵身边,将自己隐藏起来。由于海葵触手的刺细胞上能够分泌出有毒的黏液,可以麻痹敌人,因此,大型的鱼类不敢接近海葵。那么,小丑鱼为什么就不怕遭到海葵的攻击呢?

其实,小丑鱼并不是天生不怕海葵的毒刺,而是要经过一个痛苦的适应过程。小丑鱼的体表有一层保护膜,这层保护膜是小丑鱼从海葵的触手上获得的。当小丑鱼选定一只海葵作为自己的家时,它先用胸腹部试探性摩擦海葵的触手。虽然小丑鱼必须忍受毒刺的痛苦,但是,过不了多久,小丑鱼的身上就能分泌出抵抗海葵刺细胞的黏液,黏液可以使海葵的触手认为小丑鱼是自己的另外一条触手。从此,小丑鱼就能够和海葵共处了。

为什么水母能发光?

动物的发光大都是通过荧光素、荧光酶,经过氧的催化作用而发的光,而光量同荧光素的量成正比。但是,水母的发光却不同于其他动物的发光系统,而是依靠一种叫作埃奎林的奇妙蛋白质。

这种蛋白质——埃奎林的量在水母体内越多,发的光就越强。埃奎林的分子量为三万,它的发光不受酶抑制剂或其他因素的影响。但是,只有碰上了钙离子后,才能发出强蓝光来(同银离子的作用比较弱),除此以外,再也没有物质能同它起反应了。

⬆ 水母的外形很像一把撑开来的伞,伞缘下面是它有毒的触手。

⬆ 水母发光来自一种奇妙的蛋白质,这种蛋白质和钙离子相混合,就会发出强光。

水母

水母是低等动物,它没有固定的形状,有些像一柄撑开的雨伞,有些像一枚银币。水母有两类——小型水螅水母和大型的钵水母。所有水母均有一个空腔,水母体上还长着一些长长的触手,有很多水母的触手是有毒的。水母体内92%都是水分,因此,它们看上去接近透明。

大多数水母生活在浅海中,它们在水面漂浮,长长的触手一碰到猎物就会将其缠绕,并将毒液注入猎物体内,使其麻痹,继而用触手将猎物拖至嘴边食用。

水母靠身体的一紧一松来使自己向前移动,这样移动的速度很慢,因此,它们最常用的办法还是靠潮汐和海水的流动来挪动位置。

⬆ 水母

↑ 鳄鱼的牙齿会移动，长在前排的牙齿负担最重，磨损最快。当前面的牙齿用坏脱落后，里面的牙齿就会突出来。

↑ 鳄鱼会趴在岸上晒太阳，使体温增加到与环境相适应的程度。

→ 虎鲸是一种大型齿鲸，由于性情十分凶猛，因此又有恶鲸、杀鲸、凶手鲸、逆戟鲸等称谓。

为什么动物从来不刷牙，也不会得牙病？

鳄鱼晒太阳的时候，会有鸟儿从它的牙缝里捡出食物碎屑，另外，它用河水洗牙，用阳光来给牙齿消毒。而且，鳄鱼还会定期换牙。由于鳄鱼的牙齿经常在觅食过程中断裂，它们不像哺乳动物一样，一辈子只换一次牙，而是以一生中换牙无数次著称。

大多数野生动物几乎没得过牙病，那是因为它们的寿命很短，往往在牙齿彻底坏掉以前就已经死了。

但有的野生动物的寿命比它们牙齿的寿命要长。曾经有人观察过虎鲸的牙，就存在非常可怕的牙病：牙断裂了，长着脓疮，牙床也磨损了，露着牙肉。

野生动物很少有牙腔，它们最大的困扰是沾在牙齿上的牙垢，这些牙垢给牙床带来了麻烦。最终，牙齿周围的骨头解散，牙齿因此脱落，化脓。

关于虎鲸……

　　虎鲸之所以能够成为海中霸王，与它的牙齿有着很大的关系。它们长着锐利的牙齿，而且牙齿朝内后方向弯曲，上下颌牙齿互相交错搭配，不仅使猎物难以逃脱，而且还能撕裂、切割猎物。

鸟儿也洗澡吗？

　　生活在自然界的鸟儿,爱清洁,喜欢洗澡,已成为它们的一种生活习惯。鸟有好几种洗澡方式。一是在水边拍打着翅膀,淋水沐浴,然后用力将身上的水抖掉;二是站立在树枝上,用尖尖的嘴梳理羽毛;三是在沙堆里扇动羽翅,擦洗身子。

　　鹦鹉、乌鸦、白头翁等鸟儿喜欢雇佣蚂蚁等昆虫为自己洗澡,它们会找一处蚁穴扒开,引出一群蚂蚁,自己便将两脚叉开,张开羽翅,双目半闭,任蚂蚁爬入自己的羽翼里劳动。原来,鸟的羽毛里往往长有羽虱和壁虱,令它们浑身不爽。蚂蚁不但会消灭虫害,而且还会分泌出蚁酸,散发一种特殊的气味,将寄生虫驱赶出去。这样,鸟儿就感到非常轻松了。

↑ 鸳鸯是一种喜欢游水的鸟类,它是我国的保护动物。

↑ 信天翁是一种庞大的海鸟,它们以互相碰嘴的方式求偶。

← 鸟儿洗澡时拍打着翅膀,淋水沐浴,或是在泥沙堆里扇动羽翅,擦洗身子。

鸟
儿
互
相
联
络

　　绝大多数鸟都是靠声音来互相联系的。不同的鸟发出的叫声不同,我们才会听到各种各样悦耳的鸟鸣。鸟不像人,可以通过语言交谈来精确地表达自己的意思,但说到传递一些简单的信息,如"这是我的地盘"、"危险"和"我喜欢你",它们还是能胜任的。

　　有些鸟还能通过展示自己的美丽来进行沟通,比如雄火鸡和孔雀,都喜欢炫耀自己漂亮炫目的羽毛。通常,它们以这种形式来吸引异性和它们交配。

螃蟹为什么横着走?

↑ 螃蟹肉味道鲜美、营养丰富,如今成了很多人餐桌上不可缺少的一道美食。

　　每一种动物的运动方式都要适合它的身体结构,螃蟹也是如此。螃蟹的腿长在身体两侧,而且它的腿只能向内弯曲,不能前后弯曲,因此螃蟹习惯了向着身体侧对的方向行走,这样看来它就是横着走的。

　　目前还没有人知道螃蟹的祖先经历过什么事情,使它们的身体选择了这种行走方式,也许是为了更容易发现和躲避敌害,或是更容易往嘴里塞食物。

　　螃蟹也会见机行事,有的时候它们也会向前走或向后退,以躲避从身体前后方向来的敌人,不过这样行走的次数并不多,但是下次你要是看到一只螃蟹向前走,不要觉得奇怪。

↑ 寄居蟹体型很小,它们非常胆小,稍有点动静,就马上缩回壳内。

➡ 潮汐过后,螃蟹一起行走,寻找食物和洞穴。

鱼逆水而游

　　鱼逆水游泳的原因很多。

　　第一个原因可能是为了捕食,有些鱼是以浮游生物为食的,而这种生物由于体型太小,只能随波逐流,鱼逆水游泳就可以轻易地捕食它们。另外鱼是要呼吸的,鱼呼吸时需要让水进出鱼鳃,逆水游动时,进出水流的速度相对会更快。此外,某些种类的鱼有洄游的特性,这些鱼生于淡水(江河),长在咸水(海洋),出生时,它们会记住出生地的位置,等到需交配产卵时便集体游回该处产卵。由于是从海里游向河里,所以是逆水。

比目鱼的眼睛怎样"搬家"?

比目鱼是两只眼睛长在一边的奇鱼,它是海水鱼中的一个大类。比目鱼这种奇异形状并不是与生俱来的。刚孵化出来的小比目鱼的眼睛也是生在两边的,在长到大约3厘米长的时候,眼睛就开始"搬家",一侧的眼睛向头的上方移动,渐渐地越过头的上缘移到另一侧,直到接近另一只眼睛时才停止。比目鱼的生活习性非常有趣,在水中游动时不像其他鱼类那样脊背向上,而是有眼睛的一侧向上,侧着身子游泳。它常常平卧在海底,在身体上覆盖上一层砂子,只露出两只眼睛来等待猎物、躲避捕食。这样,两只眼睛在一侧的优势就显示出来了,当然这也是动物进化与自然选择的结果。

↑ 比目鱼常常平卧在海底,身体上覆盖上一层砂子,只露出两只眼睛来等待猎物。

↑ 通过变色,比目鱼可以把自己很好地隐藏起来。

关于比目鱼……

比目鱼是两只眼睛长在一边的奇鱼,它是海水鱼中的一大类,包括有鲆科、鲽科、鳎科的鱼类。它们的眼睛为什么会长在一边呢? 原来,比目鱼生活在海底,长期平卧在水下,向下一面的眼睛根本没有用,所以它的两只眼睛全长在一面(上面),这样,对于发现敌害有很大的好处。

↑ 为了捕捉蚊虫，燕子每天要花至少 3 个小时来飞行。

下雨前，燕子为什么飞得那么低？

燕子是吃虫子的，低飞是为了获取食物。快下雨的时候，空气里水汽很多，湿度比较大，把一些虫子的翅膀弄湿了，这样虫子就不能飞到正常情况下那么高，这和飞机载货过重，飞不动是一个道理。但它们还得继续飞，那就只有接近地面飞了。同时，在阴雨天气里，气压变低，空气里水汽增多，土壤中的小虫也爬出土外。另外，天气转阴雨后，气流比较紊乱，燕子得不到合适的风力将它抬升高飞，因此在飞行时忽高忽低，有时掠过水面，有时贴近地面。

关于燕子……

燕子属于雀形目燕科，分为雨燕、楼燕、家燕、岩燕等种类。不同的燕子有不同的生活习性，不同种类的燕子形态也不一样。楼燕体型稍大，飞得高，飞行速度快，全身黑色，发金属光泽，鸣声十分响亮，它喜欢在亭台楼阁古建筑的屋檐下筑巢；家燕体型较小，上身为发金属光泽的黑色，头部栗色，腹部白或淡粉红色，飞得较低，鸣声较小，多在居民的室内房梁上和墙角筑巢。

→ 正在哺育宝宝的燕妈妈

蚂蚁搬家

无论哪一种生物，都需要寻求一个适应自身的生存环境。动物为了适应各种环境，就会出现许多奇特的行为。对于蚂蚁而言，它对自己窝里的湿度有一定的要求。下雨前，空气中的湿度增大，蚁窝就变得潮湿。如果太湿了，蚂蚁就无法再在这里待下去，于是，它们只好往高处干燥的地方搬了。因此，便会出现蚂蚁在下雨前搬家的情形。

→ 蚂蚁

为什么红色会激怒牛？

⬆ 游泳是水牛最大的本领

有两种说法，一种说法认为，很多人都觉得牛对红色敏感，看到红的东西就会兴奋，其实这是完全错误的理解。实际上，牛是名副其实的色盲。牛在出场之前，总是被人长时间地关在牛栏里，变得暴怒不安，再加上红披风的晃动，它一出场，就恶狠狠地找人报复。斗牛场上，让牛生气的并不是红布的颜色，而是红布老在它眼前飘动。斗牛士跑得越快，牛眼中的斗牛士也就摇晃得越快，所以就死命地追了上来。

另外一种说法则恰好相反。科学家们对母牛色感的研究结果表明，母牛可以看出从蓝色到红色间的7种不同颜色。虽然这个结果没有获得证实，但部分科学家们相信，红色确实能使母牛兴奋，既然母牛是这样，那么公牛也应该同样会有色感。斗牛士的披肩选择红色，也许就是因为这种颜色是使公牛兴奋的最好的颜色。

关于水牛……

非洲水牛的外表看上去跟亚洲水牛很相似，但它们却完全是两类动物。亚洲水牛温顺，是农民的好帮手，而非洲水牛则是凶猛的动物。非洲水牛的身躯非常雄壮，鼻尖很大，身披灰色或深棕色的细毛。南非水牛的角非常奇特，牛角又粗又长，宽阔而沉重，看上去很像一顶坚固的"头盔"。成年水牛虽然体型硕大，但它身手敏捷，能迅速对危险做出反应。除非受到挑衅，非洲水牛一般不主动攻击其他动物。

↑ 壁虎脚趾带有吸盘

壁虎为什么能飞檐走壁？

　　壁虎能在垂直物体的光滑表面上来去自如，得益于其脚部细小的绒毛。通过电子显微镜观察，科学家发现壁虎的脚趾生有数以百万计的细小绒毛——刚毛，每根刚毛约有 100 微米长（相当于两根人头发的宽度），顶部都有约 1000 个更细小的分支。

　　一根刚毛能够支撑相当于一只蚂蚁的重量，100 万根刚毛虽然不到一枚小硬币的面积，却可以支撑 20 千克的重量。如果壁虎同时使用全部刚毛，就能够支撑 125 千克的重量。壁虎脚趾的黏性正是通过这种细小的爪垫与接触物分子的分子间作用力实现的。实际上，壁虎只用一个脚趾，就能够吊起整个身体。

　　绝大多数脚上有黏力的动物和昆虫往往要靠水的毛细作用获得黏力，而壁虎却有能力在不使用水的情况下飞檐走壁。这是它们在长期的进化中获得的本领。

↑ 莫利西斯绿壁虎体色艳丽，背部有红色斑点。

关于壁虎……

　　壁虎种类繁多，大小与外形也因栖息地的不同而各有差异。其中地中海壁虎长相怪异，身上布满了刺状突起；莫利西斯绿壁虎体色艳丽，背部有红色斑点；而澳洲扁尾壁虎却长着一个貌似松塔状的尾巴。壁虎的尾巴可能又长又尖，也可能短而钝，还可能是球状的。有些壁虎的尾巴也是它们的营养储存室，没吃没喝的时候，可以从里面提取营养。

蜥蜴为什么能行走如飞？

　　科学家发现，蜥蜴没有吸盘，也没有能排出黏性液体的腺管，它们是利用分子或原子在距离非常近时所形成的吸引力来将自己的身体附着在墙壁等上面的。它们的每只脚上都有 5 个脚趾，在脚趾的下面有不少毛，这些毛在顶端又分出数百到几千根更细的纤毛，这些纤毛的直径是人头发的 1/10。当蜥蜴在墙壁上行走时，这些多达几十亿根的纤毛能如此接近墙壁，以至它们与墙壁的距离只有原子大小，这样墙壁物质的分子与纤毛分子之间的力就使蜥蜴永远不会掉下来。

　　蜥蜴的每只脚上都有5个脚趾，在脚趾的下面有不少毛。

　　经过长期的进化，蜥蜴已经适应了在树枝间跑动的生活。

　　爬树可以让蜥蜴获得很大的生存优势，它们可以及时躲避天敌，找到更多食物。

蜥蜴

　　蜥蜴家族是爬虫类中最大的群体，约占全世界所有爬虫的一半以上，它们大多是食肉动物，只有极少的一部分为食草性。蜥蜴是现存动物中与恐龙最相像的，它们的奇特和神秘感是最吸引人的地方。

　　蜥蜴生活于平原、山地、树上或水中，大多性情温顺，好静。它们以昆虫作为主要食物，也爱吃蔬菜、南瓜和水果等植物。

　　蜥蜴是变温动物，在温带及寒带生活的蜥蜴于冬季进入休眠状态。而生活在热带的蜥蜴，可终年进行活动。但在特别炎热和干燥的地方，也有夏眠的现象，以度过高温干燥和食物缺乏的恶劣环境。

豪猪的尾部和背上长着许多又长又尖的像针一样的刚毛，叫豪针。当它遇到危险时，它身上的豪针就会竖起来。这些豪针松散地、牢牢地生长在豪猪的身体上，可以帮它抵御其他动物的攻击。

豪猪会互相用身上的刺来刺对方吗？

豪猪一般不会经常用刺对付自己的同类，几乎没有人见过两头豪猪互相打斗的情形，也从来没有在报纸上读到过类似的报道。

豪猪在交配季节有时会发生冲突，但这样的打斗现象并不严重。打斗时，豪猪只是前后摆动尾巴，以此向对方示威。覆盖在豪猪身体上的刺可以保护豪猪，使它免受其他豪猪的攻击。但是，豪猪身上也有些部位没有刺，因而得不到保护，比如说豪猪的前腿，偶尔就会被同类的刺刺到。

豪猪被刺了以后，会把身上的刺一根根拔出来。如果刺得不是很深，豪猪就会用前腿来拔；如果刺得比较深的话，那么，豪猪只好劳驾嘴巴来帮忙了。

豪猪不是好斗的动物，它们似乎对自己的生活心满意足，走起路来一摇一摆的，嘴里还呼噜呼噜地响着。而且，还不太关心别的动物在干什么。不过，如果遭到其他动物的挑衅，豪猪也不是胆小鬼，它不是那么容易就会被别的动物吓住的。

关于豪猪……

豪猪有时会受到其他动物的攻击，这些动物总想吃上肥美的豪猪肉，但这可不是一件容易的事。这时，豪猪会竖起身上的刺，背过身去，摇摆着尾巴。动物一旦被豪猪的尾巴击中，就会弄得满脸是刺，疼痛难忍。

下雨天鸟儿怎样躲雨?

你肯定是在下雨的时候想起这个问题的,不过这的确是个很有意思的话题。自然界的所有生物都具有对适应自然环境的能力,鸟类没有可以避雨的窝,也不像我们人类一样有房子或雨伞,它们会借助茂密的植物躲雨,比如灌木丛、葡萄藤和树叶里。另外,鸟儿的羽毛本身就有防雨的功能。草原上的鸟儿还会把巢筑在深深的草丛里面。

也有鸟儿找不到避雨的地方,身上自然就会被淋湿。不过,大多数鸟儿似乎并不介意。如果雨不是很大,或是找不到地方避雨,它们就干脆站在雨里。

↑ 鸟儿一般会把窝建在可以避雨的地方

↑ 鸟类的羽毛有避水的作用,因此不怕雨淋。

关于鸟儿南迁……

原来,鸟儿南飞是为了避开寒冷的冬天,寻找食物。夏天的时候,许多鸟儿在北极繁殖后代,以浮游生物为食。秋天到来的时候,它们飞回南美、中美。

燕鸥

在生物分类学上,燕鸥属于鸥亚目,燕鸥科,广泛分布于全球各地,包括南极。它们和海鸥是近亲,相信源自同一个祖先,现今世界上共有44种。

所有燕鸥都有以下几个共同特征:身体修长,嘴长,腿较短,翅膀狭长,部分种类的外侧尾羽细长,形成深叉(V形)尾。这些特征让燕鸥能够快速飞行,它们有"海上燕子"的称号。

各种燕鸥之中,北极燕鸥是动物界中的长途飞行冠军。它们在夏季深入北极繁殖,七月开始南下迁徙,十一月到达南极浮冰区的边沿度冬,然后又于次年三四月间再度北上,一年之中大约要飞行3.5万千米。

↑ 燕鸥蛋

食人鱼真的食人吗?

↑ 食人鱼长着三角形牙齿,比剃刀还锋利。

↑ 食人鱼是一种热带鱼,在冷水中,它们会被冻僵。

食人鱼确实吃人,陆上动物或人如果不幸落入有食人鱼的河中,用不了几分钟,刚刚还生龙活虎的大型动物或人,一下子就变成了一副骷髅。

食人鱼的颈部短,头骨特别是腭骨十分坚硬,上下腭的咬合力大得惊人,可以咬穿牛皮甚至硬邦邦的木板,能把钢制的钓鱼钩一口咬断,其他鱼类当然就不是它的对手了。它满嘴长着三角形牙齿,比剃刀还锋利,不仅疯狂攻击水中动物,还会跃出水面攻击大型水鸟。食人鱼对血特别敏感,一丝血水、一点点血腥味就会使它们成群结队地赶来。可以这样说,凡是有食人鱼的河流,就成为令人恐怖的河流。它们甚至还攻击同类,如果食人鱼吞下鱼钩上的鱼饵无法挣脱的话,凶残贪婪的同伴很快会把它吃得精光。

关于食人鱼……

　　亚马孙河流域最有代表性的动物应属食人鱼了。这种鱼体长约 30 厘米,长有青色、银红色且闪闪发光的鳞片,外形有点像海里的鲳鱼,以其凶悍、残忍而闻名。平时在水中称王称霸的鳄鱼,一旦遇到食人鱼,也会吓得缩成一团,翻转身体面朝天,把坚硬的背部朝下,立即浮上水面,使食人鱼无法咬到腹部,救自己一命。目前已发现的食人鱼有 20 多种。

鱼为什么会有鳞?

鱼鳞是皮肤的衍生物,具有保护鱼类身体的功能。鱼鳞好比盔甲,能起到保护作用。

鱼鳞是一种多功能的组织。

首先,鱼鳞好比盔甲,能起到保护作用。对大多数鱼来说,鱼鳞相当于外露的骨骼,有助于它们维持体型。鱼鳞还可以帮助鱼抵抗疾病,使鱼免遭水体中微生物的侵害。

其次,鱼鳞还有伪装作用。鱼腹部的鳞能反射和折射光线,如果水下有凶猛的鱼游过,当它往上看时,很难把鱼体和水的闪光分辨开来。

鱼鳞是皮肤的衍生物,具有保护鱼类身体的功能。可是,由于不同鱼的皮肤结构不同,导致有的鱼有鳞,有的鱼只在身体某一部分皮肤的表层上有鳞;有的鱼鳞非常细,被黏液裹住,一般不易被发现;有的鱼鳞已退化。这是鱼类在长期适应自然环境后逐渐形成的。

海星的五条触角被称为腕足。

关于海星……

海星主要分布于世界各地的浅海底沙地或礁石上。它的身体呈放射状,像星星一样,"海星"的名字即由此而来。绕着海星身体的中心圆盘,伸展着 5 条或更多的腕。

海星的每条腕上都有一只眼睛,称为眼点。但眼点并不能看清物体,只能分辨出明暗。它们是食肉动物,喜欢吃贝类和珊瑚。

一些鱼的体表颜色十分艳丽,这和鱼鳞有很大关系。

海星

海星不是鱼,它们有很强的再生能力,一条切掉的胳膊就可以长成一个新的、完整的身体,成为新的海星。不过切掉的这条胳膊必须有中心部分才行。如果切掉的是胳膊的上部,那么这部分就不能再生出一个新的身体,但原来的海星可以再生出一条新胳膊。

海星的腕足可以帮助它们爬行,或者固定在岩石上。

↑ 有蓝色嘴巴的鹦鹉

山魈的脸为什么是蓝色的?

作为灵长类动物,山魈也许有着一张世界上最浓墨重彩的脸,蓝色的两颊与鲜红的鼻子形成强烈对比。有一些科学家认为,皮肤里蛋白质纤维有规律的排列,造就了山魈脸上漂亮的蓝色。

蓝色在鸟类中很常见,比如蓝孔雀、蓝鹦鹉等,而哺乳动物极少有蓝色的。哺乳动物有使皮肤呈棕色、黄色或红色的色素,但没有蓝色素。山魈等少数动物的局部皮肤呈蓝色,人们一直认为这是由于某种物质散射光线所致,就像尘埃的散射造就了蓝天。

科学家计算了这些粗细相同、距离相等、平行排列的纤维的光学性质,发现它们反射单一波长的蓝光,其他的反射都相互抵消了,因此皮肤看起来是蓝色。如果纤维之间的距离扩大一些,蓝色就会变浅。

关于狒狒……

狒狒喜欢群聚,成员最多可达 200 多只,首领由最强壮的雄狒狒担任,其他成员也依次排序。

狒狒的头很大,鼻子突出,面部特征很像狗,脸上光滑无毛。它们都在地面活动,晚上也不上树隐蔽,而是聚集起来在峭壁或悬岩上过夜。

当狒狒群遇到狮群时,狒狒们分工明确,有的捡起石块投向狮群,有的怒吼助威,它们用这种方法将狮群击退。

← 山魈栖息于非洲热带地区,是和狒狒相近的一种大型猴类。

猎豹为什么能快速奔跑？

猎豹的形体长得前高后低，腰部比较细，胸部较宽，胯部空当大，前后肢细长，前后脚掌上有厚厚的肉垫。它的脊椎骨柔软并能弯曲，鼻孔比较大，能够呼吸较多的空气，供给剧烈运动之所需。由于这些条件，使它能快速奔跑，但是，这样快的速度不能持久，大概只能坚持十多秒时间。虽然被追捕的猎物奔跑速度并不快，但是它们能长时间地保持同样的奔跑速度，所以只要和猎豹有一定的距离，就可以不被猎豹抓住吃掉。因此，猎豹都尽可能接近猎物时才袭击。

猎豹是奔跑最快的哺乳动物，每小时可达 120 千米。以羚羊等中、小型动物为食。

猎豹外形似豹，但身材比豹瘦小。

猎豹全身覆盖着金黄色的皮毛，上面布满黑色斑点。

猎豹

猎豹这个词源自古印度语，是斑点的意思。猎豹全身覆盖着金黄色的皮毛，上面布满黑色斑点，眼睛至嘴巴处还有一条明显的黑色条纹，这个条纹也是区别猎豹与其他豹的主要标志。

猎豹平常单独追杀目标，偶尔也会集体合作。它们在捕猎时多是用前腿绊倒猎物，然后咬住猎物的喉咙使它们窒息而死。因为它的腭骨不够发达，所以不能像老虎或狮子那样直接咬断猎物的颈骨。

鳄鱼为什么喜欢吞石块？

鳄鱼要用石块来磨碎猎物的骨头和硬物。鳄鱼的胃比较柔软，如果没有石块，甚至连水蜗牛脆弱的壳都不能破坏。

鳄鱼吞食的石块重量约为鳄鱼体重的 1%，这个百分比并不随鳄鱼年龄的增长而有所改变。胃中没有石块的幼小鳄鱼，潜水能力大大落后于吞了石块的同伴。石块不但能帮助鳄鱼磨碎食物，而且还起"锚"的作用，它使鳄鱼便于潜伏水底和在水底活动，不至于被湍急的水流冲走。另外，石块还有助于鳄鱼把大的猎物拖到水里。

鳄鱼的堂兄弟——扬子鳄是我国的珍稀动物，人们在解剖扬子鳄的时候，也能看到里面有不少砂砾块，胃里食物多的时候，砂砾块也多，等到食物消化以后，砂砾块也就减少。显然，胃里的砂砾也有帮助磨碎食物的作用。

鳄鱼的牙齿不能嚼碎食物，因此它们经常吃些砂石，利用它们在胃里帮助磨碎食物，促进消化。

鳄鱼生活在比较温暖的地区，通常靠水而居。它们大部分时间都在晒太阳取暖。

关于鳄鱼……

鳄鱼属脊椎类两栖爬行动物，大多生活在热带、亚热带地区的河流、湖泊和多水的沼泽地，也有的生活在靠近海岸的浅滩中。鳄鱼性情凶猛暴戾，喜食鱼类和蛙类等小动物，甚至噬杀人畜。世界上现存的鳄鱼类共有 20 余种，我国的扬子鳄、泰国的湾鳄以及逻罗鳄等都是较有名的品种。

蛇为什么经常吐舌头?

蛇的视觉及听觉非常弱，而且舌头也不能分辨酸、甜、苦、辣等味道，但是当它感觉到有异常状况时，便会把舌头伸出(吐芯)，舌头能不断吸进周围空气中带气味的小微粒。当这些微粒粘到分叉的舌面时，就会被送到腭部的杰克逊氏器(又称为犁鼻器)去检测，判断是食物还是其他的东西。杰克逊氏器是蛇类的一个重要的嗅觉器官，这个器官有神经和脑相连通，蛇靠着这种敏锐感觉觅食，即使在黑暗中也万无一失。

⬆ 如果你仔细观察，会发现蛇的舌头是分叉的。

⬆ 在复杂的生存环境中，舌头可以帮助蛇更好寻找食物。

眼镜蛇

眼镜蛇是一种让人"听而生畏"的毒蛇。一提起它，人们就会想到那高昂的脑袋、扁平的脖颈、尖利的毒牙，还有"咝咝"作响的火焰般的芯子。眼镜蛇毒是神经性毒素，能够侵害对手的呼吸中枢，从而使对手麻痹致死。眼镜蛇不仅"咬技高超"，其"设计精妙"的牙齿也大大提高了它的毒杀功效。眼镜蛇齿沟里用来喷射毒液的唾液腺并没有在常规的顶尖上开口，而是与牙尖有那么一段距离，并呈一种漏斗状。这样"设计"显然是为了追求喷射效果：倘若毒牙咬得不深透的话，其毒液就不能到达肌肉深层，但漏斗状开口所形成的毒雾喷洒，能覆盖整个伤口创面。再加上眼镜蛇喷射毒液的射程可高达4米，造成的危害更令人生畏了。

⬆ 眼镜蛇被激怒时身体前段能竖起，颈部膨胀。

为什么说军舰鸟是空中强盗?

↑ 军舰鸟的巢大多建在临海的悬崖上,这样即安全又方便捕猎。

↑ 军舰鸟翅长,尾长呈叉形,飞翔能力强,是地地道道的空中强盗。

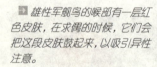

↗ 雄性军舰鸟的喉部有一层红色皮肤,在求偶的时候,它们会把这段皮肤鼓起来,以吸引异性注意。

　　为了得到美味可口的鱼虾,军舰鸟总是在空中盘旋观察。不过,它不是在水里找目标,而是寻找有没有刚刚捕获猎物的海鸟,思量着做些不光彩的拦路抢劫的勾当。

　　军舰鸟的翅膀虽然很大,善于飞翔,但它的身体较小,腿又短又细,因此要想从水面上直接起飞非常困难;而且,军舰鸟的羽毛没有油脂,落水后就会全身湿透,无法飞行,所以它不能像鹈鹕、鸬鹚那样潜入水中捕鱼。如果单单依靠自己的力量去捕食,军舰鸟便只能吃些漂在水面上的水母、软体动物和一些小鱼及死鱼,很难吃到水下的大鱼。于是,在长期的演化过程中,军舰鸟变成了鸟中海盗,依靠掠夺食物来弥补自己取食能力的缺陷。

军舰鸟

　　军舰鸟又叫军人鸟,是一类大型的热带海鸟,它们的脚特别细小,几乎没有什么用,钩形的喙比较长,用以攻击和掠夺其他海鸟嘴中的鱼。军舰鸟飞行的速度特别快,技巧特别高,既能在高空翻转盘旋,也能飞速地直线俯冲。除了雨燕以外,军舰鸟也许是所有鸟类中在空中飞行时间最长的鸟,除非是睡觉和筑窝,它们是不会在地面上停留的。

蜻蜓为什么要点水？

蜻蜓虽然是生活在陆地上的昆虫，整日飞翔在空中，但它们的幼虫却要生活在水里，受精卵要在水中才能孵化。为了繁衍后代，它必须选择将卵产在有水的地方，于是，蜻蜓用尾巴点水的方法，把受精卵排到水中。卵到了水中附着在水草上，不久便孵出幼虫，幼虫叫水虿，在水中生活一段时间后，便沿水生植物的枝条爬出水面，变成了展翅飞翔的蜻蜓。

有趣的是，雌蜻蜓在点水时，雄蜻蜓唯恐"妻子"失足落水，便飞翔在雌蜻蜓的前上方，用它的尾尖钩住雌蜻蜓的头部，拖着它在水面产卵，所以，有人称雄蜻蜓为"助产士"。

⬆ *蜻蜓点水是为了在水面产卵*

⬆ *蜻蜓有一对庞大的复眼*

关于蜻蜓……

蜻蜓在夏季的傍晚，常常在水塘附近飞舞。蜻蜓的头很大，脖子细小，每个翅膀上各有一个翅痣（在翅尖中间的一块深色斑点）和许多网状的纹脉。蜻蜓那对大而灵活的复眼占去头部的大半，每一只复眼都由 3 万多个小眼组合而成。由于拥有良好的视力，蜻蜓可以看到 10 多米之外的猎物。

图书在版编目（CIP）数据

美国孩子最喜欢问的为什么. 关于动物的有趣问题/
田战省主编. —长春：北方妇女儿童出版社，2009.8
ISBN 978-7-5385-4087-1

Ⅰ. 美… Ⅱ. 田… Ⅲ. ①科学知识—少年读物②动物—
少年读物 Ⅳ. Z228.1 Q95-49

中国版本图书馆 CIP 数据核字（2009）第 139486 号

出版人：李文学
策　划：刘　刚　佟子华

 美国孩子最喜欢问的为什么
关于动物的有趣问题

出版发行：北方妇女儿童出版社
　　　　　（长春市人民大街 4646 号　电话：0431-85640624）
主　　编：田战省
装帧设计：付红涛
图文编排：靖凤彩　胡颖颖　药乃千
责任编辑：赵　凯
印　　刷：三河市燕春印务有限公司
开　　本：16 开
印　　张：10.5
字　　数：140 千
版　　次：2009 年 8 月第 1 版
印　　次：2015 年 1 月第 6 次印刷
书　　号：ISBN 978-7-5385-4087-1
定　　价：31.50 元